[東大流]流れをつかむ すごい! 日本史講義

山本博文

PHP文庫

○本表紙図柄＝ロゼッタ・ストーン（大英博物館蔵）
○本表紙デザイン＋紋章＝上田晃郷

はじめに

近年、日本史を学び直そうという人が増え、高校の歴史教科書の老舗《しにせ》である山川出版社の古い教科書が『もういちど読む山川日本史』の書名で一般書として出版され、ベストセラーになりました。

よく本の悪口を言う時に、「教科書的」と言ったりしますが、通り一遍ではあっても、学問の基礎が教科書にあることは確かです。

実際、長く中学校社会の歴史分野や高校の日本史教科書を執筆してきた経験から言えば、教科書ほどその記述を何回も吟味《ぎんみ》し、「てにをは」まで細心の注意を払っている本はないでしょう。

しかし、教科書を執筆する時は現場の教師の意見も聞き、編集委員会でも討議を重ね、文部科学省の教科書検定もあるので、通説にもとづいて記述せざるを得ないことがままあります。文体も、最初は工夫して書いても、修正しているうちに凹凸《おうとつ》のない平板なものになっていきがちです。

そこで、最新の研究成果を取り入れつつ、一人の歴史家として日本史全体を記述してみようと思い立ちました。この試みは、新潮新書の拙著『歴史をつかむ技法』でエッセンスを紹介したのですが、「それぞれの部分が刺激的でおもしろいのでもっと詳しい本を書いてほしい」という要望をよく聞きました。それに応えて書いたのが本書です。

日本史を旧石器時代から書こうとすると、どうしても記述がそれこそ教科書的になりがちです。そのため本書では、それぞれの時代で注目すべき論点をQ&A方式で書いていくことにしました。

歴史学も日々進歩しており、歴史認識もずいぶん変わっています。それにともなって、教科書の記述も改められてきました。

たとえば「武士はどこから生まれたのですか」などの論点は、『もういちど読む山川日本史』では次のように書かれています。

そのころ、有力な地方豪族のなかには、勢力をのばすために、弓矢をもって戦い、またその配下に家子《いえのこ》とよばれる一族や、郎党《ろうとう》などの従者をひきいて武士化するものがあらわれた。朝廷や貴族は、地方武士を「侍《さむらい》」として奉仕させ、宮中を警備する滝口《たきぐち》の武士に任じたり、諸国の追捕使《ついぶし》や押領使《おうりようし》に任命して、地方の治安維持を分担させたりした。

「そのころ」とは承平《じようへい》・天慶《てんぎよう》年間(九三一〜九四七)のことで、平将門《まさかど》の乱や藤原純友《すみとも》の乱がおこった平安時代中期です。武士の発生は、有力な地方豪族が武装して武士となり、中央に進出していくという流れで説明されています。

しかし現在では、盗賊などになった地方の武装集団を鎮圧するために派遣された、軍事を担当する中・下級貴族が武士のはじまりだ、と考えられています。将門の乱を鎮圧する藤原秀郷《ひでさと》や平貞盛《さだもり》は、国司《こくし》の役所である国衙《こくが》の在庁官人《ざいちようかんじん》として、国司の軍事力を担っていました。ふたつの乱の鎮圧に起用された源経基《つねもと》は、鎌倉幕府を開く頼朝《よりとも》の先祖ですが、当時は武蔵介《むさしのすけ》(武蔵国の国衙の次官)に任じられた下級貴族でした。このような者たちが、追捕使や押領使などの朝廷の軍事的な役職に任命され、武士としての力を伸ばしていったのです。

このため、現在の教科書では、次のような記述になっています。

9世紀末から10世紀にかけて地方政治が大きく変化していくなかで、地方豪族や有力農民は、勢力を維持・拡大するために武装するようになり、各地で紛争が発生した。その鎮圧のために政府から押領使《おうりようし》・追捕使《ついぶし》に任じられた中・下級貴族のなかには、そのまま在庁官人などになって現地に残り、有力な武士《ぶし》（兵《つわもの》）となるものがあらわれた（『詳説日本史』山川出版社）。

押領使・追捕使などの朝廷の官職に任命された中・下級貴族が、国衙の在庁官人になることで武士として成長していくという歴史認識に変わっています。もっともこの記述では、いつ武士が生まれたと考えているのかがはっきりしませんが、押領使や追捕使に任命された者たちは自らの軍事力を持っているのですから、武士と言っていいと思います。

藤原秀郷は下野掾《しもつけのじょう》（下野国の国衙の三等官）、平貞盛は常陸掾《ひたちのじょう》ですから、まさに在庁官人です。十世紀前半には、すでに在庁官人の中に武士化した者がいたのです。将門や純友も彼らと同じような存在で武士と言っていいでしょう。

しかし、教科書の記述を読むだけでは、そうした武士発生の複雑な動きを読み取ることは困難です。詳しくは本書の第一章三節に譲りますが、本書では、このような教科書の記述では理解しづらい部分をわかりやすく解説していきます。

本書で書名に入れた「東大流」という言葉は、筆者が旧石器時代から現代まで全十五巻の監修者として全力でとりくんだ角川まんが学習シリーズ『日本の歴史』（二〇一五年六月刊）で使った言葉です。

東大入試の日本史の問題は、細かい知識を問うのではなく、歴史の大づかみなとらえ方や史料や文献を読んで、歴史をどのように解釈するかを問うことが多いのです。それが「東大流」です。

こうした問題に対処するためには、年号や事項を丸暗記するだけでは通用しません。歴史の大きな流れをつかんでいることが必要です。問題文をきちんと読めば、正しい解答が導かれるようにはできているのですが、歴史学界の新しい解釈を知っておくとなお有利です。角川まんが学習シリーズ『日本の歴史』は、そのようなコンセプトで作りました。読んでいただければ、これまでの歴史まんがの常識を変えるものであることがわかるはずです。本書は、その監修作業のもとになった論点を解説するものでもあります。

ちなみに、東大の日本史の授業には、統一的な教え方はありません。それぞれの先生が、自らの歴史研究に基づいて講義しています。伝統的に東大の学風は、あくまで史料の正しい解釈を追究することで、ある一定の学説にこだわったり、押しつけることはありません。歴史学は日々進歩しており、固定的な歴史観はそれを邪魔することにもなりかねないからです。その意味では、決められた流儀がないのが学問の上での「東大流」です。

本書では、それぞれの項目で必要な基礎知識は解説していますので、それほど歴史の知識は必要ありません。本書を読んで、高校の日本史教科書を読み直せば、これまで読み流してきた文章のニュアンスまでわかるようになっていると思います。どこから読んでもかまいませんが、できれば最初の旧石器時代から読んでいただくと、筆者の歴史観もよりわかりやすいと思います。

それでは、歴史の学び直しの旅にでかけてください。

二〇二〇年三月

山本博文

「東大流」流れをつかむ すごい！日本史講義 ● 目次

第一章　原始・古代の講義
天皇家の血筋が歴史を動かした！

(一) 原始の始まり　古墳時代の日本列島

二 飛鳥・奈良時代 律令国家の完成

第二章 中世の講義

なぜ武士の時代となったのか？

㈣ 鎌倉時代 天皇から武家政権へ

㊄ 南北朝・室町時代 戦国大名の登場

第三章 近世の講義

織豊政権と徳川幕府が成立・崩壊した理由

第四章 近・現代の講義

戦争を止められなかった日本

八 近代 戦争の時代

第一章

原始・古代の講義

天皇家の血筋が歴史を動かした!

一 原始の始まり 古墳時代の日本列島

Q1 日本列島の歴史はいつから始まるのか?

―歴史のココをつかむ!― 遺跡の発見で歴史の常識は覆《くつがえ》る

● 歴史を変えた岩宿《いわじゅく》遺跡の発見

「旧石器時代」とは、一万年以上前、地質学では更新世《こうしんせい》の年代に相当し、石を打ち割って道具とする打製石器の時代だとされています。

太平洋戦争以前は、日本列島に旧石器時代はないと考えられてきました。日本に旧石器時代があったのではないか、という考えを表明する学者もいましたが、当時の学界からは強く否定されていました。『古事記』や『日本書紀』に書かれる神代の時代よりも古い時代に人類がいたという説は、都合の悪いものであったからです。

ところが昭和二十四年（一九四九）、独学で考古学を学んだ相沢忠洋《ただひろ》という青年が、行商のかたわら群馬県笠懸村《かさかけ》（現・みどり市）の切り通しを調査し、黒曜石でできた槍先形石器を発見しました。氷河時代の地層である関東ローム層から打製石器、すなわち人の痕跡が出現したのです。

関東ローム層は、更新世の火山灰が堆積した赤土の地層です。更新世は寒冷な氷河時代であるばかりでなく、火山活動が活発で、関東地方では赤城山、榛名《はるな》山、浅間山などが噴火し、人の住めない死の世界だと考えられていました。**その常識が覆ったのです。この記念すべき遺跡が、高校の日本史の授業で最初の頃に習う「岩宿遺跡」です。**

こうして日本列島の歴史は、今から約三万五千年ほど前、つまり後期旧石器時代から始まることが明らかになりました。その後、東京の茂呂《もろ》遺跡などの旧石器時代の遺跡の発見が相次ぎ、日本における後期旧石器時代の存在は定説となりました。

相沢が大学に所属する研究者でなかったため、最初は旧石器時代の遺跡の発見者ともされず、その後も数々の嫌がらせを受けたことは、彼の著書『岩宿の発見』に書かれています。しかし、最初に相談した芹沢《せりざわ》長介（当時、明治大学の大学院生で、のち東北大学教授）の努力によって、現在ではこの重大な発見が相沢の功績として認められています。

●さかのぼる日本の旧石器時代

後期旧石器時代が日本列島に存在したことがわかると、さらにそれ以前、中期旧石器時代や前期旧石器時代が日本になかったのか、ということが学界の関心を呼びました。しかし、そうした報告があっても、なかなか学界からは認められませんでした。

大きな転機となったのは、昭和五十六年（一九八一）に、宮城県北西部の座散乱《ざざら》木《ぎ》遺跡で四万数千年前の石器が発見されたことです。この発見によって、日本列島に中期旧石器時代があったと考えられるようになりました。

読者の皆さんもご存じのように、それ以後、より古い旧石器時代の遺跡の発見が相次ぎました。平成七年（一九九五）の宮城県築館《つきだて》町（現・栗原市）の上高森《かみたかもり》遺跡では、六十万年前の地層から、規則性を持って配列された石器群が見つかり、平成十二年（二〇〇〇）には、埼玉県秩父市の小鹿坂《おがさか》遺跡から、五十万年前の原人が残した石器と、円形に配列された穴の跡が見つかりました。

こうした発見によって、日本列島の歴史は、一時は五、六十万年前から始まると考えられるようになりました。しかし、五、六十万年前と言えば、現代人の祖先である新人は存在せず、その前の旧人でもなく、原人の時代です。原人が日本列島に到達していたというのは、どう考えてもおかしなことでした。

これらの遺跡での発見は、東北旧石器文化研究所という民間の研究団体に属するF氏によるものでした。これに疑問を持った毎日新聞社の旧石器遺跡取材班は、宮城県築館町の上高森遺跡の発掘調査の際、F氏の行動を監視し、平成十二年十一月、F氏が、早朝、自ら持参した石器を埋めていたことを明らかにしました。F氏の「発見」は、捏造《ねつぞう》によるものだったのです。

このため、F氏の関わった遺跡の発見は疑問視されるようになり、ほとんどが偽装があったものとして否定され、研究は再び岩宿の発見の時点に戻りました。現在では、日本列島の歴史は、約三万六千年前以降の後期旧石器時代からということになっています。

Q2 縄文時代と弥生時代の大きな違いは?

―歴史のココをつかむ!― 時代を変えた「水田・武器・環濠集落」の発達

●旧石器時代と縄文時代の違いとは?

縄文時代は、一万二千年前（一万三千年前、あるいは一万五～六千年前という説もある）から紀元前四世紀頃まで、一万年以上続く長い時間です。縄文時代をもたらしたのは気温の変化でした。一万三千年前頃に氷河期がようやく終わり、地球温暖化が進行していきます。約一万年前には、クヌギやコナラなどの広葉樹の森ができるようになりました。

人々は、森に入ってこれらの木の実を採取し、また森に住む鹿や猪《いのしし》を狩猟して生活するようになります。また、温暖化によって海水面が上昇し、形成された内湾には豊富な魚介類が繁殖するようになります。こうして、森からも海からも食料がもたらされるようになった人々は、動物を追って移動する必要がなくなり、定住生活を送るようになります。

青森県の三内丸山《さんないまるやま》遺跡は、縄文時代中期、今から約五千九百年～四千二百年前の集落跡です。平成四年（一九九二）からの発掘調査で、竪穴《たてあな》住居跡、大型竪穴住居跡、掘立柱《ほったてばしら》建物跡、大型掘立柱建物跡などが見つかりました。これほど大きな集落が縄文時代にあり、また長期にわたる定住生活が営まれていたことは衝撃的でした。

三内丸山遺跡からは、百棟以上の掘立柱の建物が発見されています。かつてはこのような大規模な掘立柱建築は、弥生時代にならないと出現しないと考えられていました。特に大きな建物は、祭祀《さいし》に使ったものと考えられています。縄文時代が、想像以上に発展した文化を持つことがわかったと言っていいでしょう。

鹿児島県霧島市の上野原遺跡からは、縄文時代早期、約九千五百年前からの遺構が発掘されました。火山灰の下に、五十二軒もの竪穴住居が発見され、その住居には建て替えた痕跡もあり、数世代にわたって生活していたことが推測されています。縄文時代早期に、こうした定住生活をしていた地域もあったのです。

旧石器時代と違う縄文時代の特徴は、土器の製作と、石鏃《せきぞく》、石斧《せきふ》などの磨製石器の出現です。時代の名称になったこの時代の土器は、縄で模様が付けられており、煮炊きのために使用されていました。

なお、北海道では、磨製石器が本州よりも三千年～四千年ほど遅れて使用されますが、土器を使用しないため「新石器時代」としています。縄文時代は、石器の形式では磨製石器を使う新石器時代ですが、土器も使用していたため、縄文時代という名称を使っているのです。

●「狩猟・採取生活」か「水稲耕作生活」か

弥生時代は、紀元前四世紀頃から紀元後三世紀の中頃の七百年ほどの時代です。縄文時代が狩猟・採取生活を基礎としたのに対し、弥生時代には、水稲耕作による生活が始まりました。ただし、水稲耕作は縄文時代の晩期には存在しており、水稲耕作の有無で縄文時代と弥生時代とを分けているわけではありません。

水稲農耕は、中国大陸の揚子江《ようすこう》下流域で始まり、朝鮮半島南部から伝来したというのが通説ですが、揚子江河口付近から直接九州各地に伝来したという説もあります。ただ一つのルートだけではなかった、と考えるのが妥当でしょう。約二千五百年前には、九州北部で水田による米作りが始まっています。

水稲耕作の伝来とともに、朝鮮半島南部から渡来人がやってきます。遺跡に争った形跡が見られないので、渡来人は、騎馬民族説が主張する暴力的な形ではなく、戦いから逃れるなど比較的平和的な形で九州北部に上陸し、そこに住む先住の人々と交流し、同化していったようです。

現代の人間を、縄文人と弥生人に分けるということが流行《はや》ったことがありました。もちろん、長い歴史の間に混血が進んでいるので、発現する遺伝子の形質の違いということですが、弥生人は縄文人に比べて鼻の付け根が扁平で、眉間にアクセントのないのっぺりとした顔立ちで面長であり、成人男子の平均身長も百六十二～百六十三センチと縄文人よりも数センチ高い、といった違いがあるということです。

地域的な特徴としては、北部九州から山陰にかけては面長な弥生人が分布し、西北九州や南九州、関東地方には縄文人に近い形質を持った弥生人がいると言われています。縄文人は、南方モンゴロイドの系統であり、北部九州と山陰の弥生人は北方モンゴロイドの系統であると推測されています。

さて、水稲耕作の伝来による食料事情の安定と渡来人との交流・混血により、弥生時代が始まります。縄文時代と弥生時代は、土器の違いによって分けられていますが、両者には大きな違いがあります。

●渡来人がもたらした新しいメンタリティー

縄文時代と弥生時代の違い、言葉を換えれば弥生時代の特徴とは何かと言えば、

水田の一般化と武器の発生と環濠集落の三つがあげられます。

それまでも動物を狩るための槍や弓などの道具はあったのですが、弥生時代には、人と戦うための武器が成立し、発達していったのです。これは、石鏃が刺さった人骨が発見されたことによってわかります。弥生時代は、人と人が武器を持って争う戦争が始まった時代だと言っていいでしょう。

松木武彦氏は、「人を殺すための道具をつくり整えるという行為にみられる対人観や、問題の解決に暴力を用いたり、それに備えて守りを固めたりする行動理念が、社会の軸になっていった」(『日本の歴史 一 列島創世記』)と述べています。

これは、縄文時代の人々の自然な発達ではなく、松木氏の言うように、「経済上の独占や政治上の統制を積極的に推し進める支配的性向を持つ文化」が日本列島に入ってきたためだった、と考えた方がいいでしょう。こうした文化がどこにあったかと言えば、誰しも推測できるように、中国に統一国家を打ち立てた殷《いん》の「文明」型文化をルーツとするものです。

体格的な違いだけでなく、先ほど述べてきた行動理念の違いが、縄文人と渡来人の間にあり、それが弥生時代の社会「進化」の原動力となり、首長を大きな墓で弔う古墳時代を生み出していったのだと考えてよいと思います。

Q3

邪馬台国《やまたいこく》はどこにあったのか？

―歴史のココをつかむ！―　卑弥呼《ひみこ》は現在の天皇家の祖先か⁉

中国に使者を送った倭《わ》の国々

日本は、三世紀中頃から古墳時代に入ります。これは、前方後円墳に象徴される古墳が造られた時代です。古墳は、こうした巨大な墓に葬られる王などの有力者が出現した証拠です。古墳時代は、七世紀初めまで、四百年近くも続きます。

現在の日本の原形になる国が、最初に文字史料に現れるのは、よく知られているように、中国の歴史書です。当時は、「倭国」と呼ばれています。「倭」とは、「小さい」という意味ですが、「ヤマト」とも読みます。

一世紀につくられた『漢書』地理志は、前漢の歴史を書いたものです。この書物に、「倭人」の社会が百余国に分かれ、前漢の武帝が朝鮮半島に置いた郡の一つである楽浪郡《らくろうぐん》に、定期的に使者を送っていたことが書かれています。

次いで『後漢書』東夷伝《とういでん》には、紀元五七年に、倭の奴国《なこく》の使者が、後漢の都である洛陽《らくよう》に行き、光武帝《こうぶてい》から印綬《いんじゅ》を受けたこと、一〇七年には、奴国王、帥升《すいしょう》らが安《あん》帝《てい》に生口《せいこう》（奴隷）百六十人を献じたことが書かれています。

このように、紀元前後に、倭国では王が支配する国が生まれたのです。もちろん、それほど大きな領域を支配していたわけではないでしょうが、有力な王は、中国に使者を送って、自らの地位を承認してもらおうとしたのでした。

●邪馬台国と卑弥呼の登場

次に中国の歴史書に倭国が登場するのは、有名な「魏志《ぎし》倭人伝」です。これは、『三国志』の一つである『魏書』の東夷伝倭人の条のことを指したもので、そういう名前の書物があるわけではありません。

これによると、二世紀の終わり頃、倭国では大きな争乱が起こり、長く続きました。このため、諸国の王は、卑弥呼という一人の女子を王に立てました。卑弥呼は、「鬼道《きどう》に事《つか》え、能《よ》く衆《しゅう》を惑《まど》わす」と書かれているように、神のお告げを聞く巫《み》女《こ》のような存在だったようです。成人しているが夫はなく、弟が卑弥呼を助けて政治を行いました。

この卑弥呼を王とする二十九カ国ばかりの国連合が邪馬台国です。

卑弥呼は、二三九年、魏の皇帝に使いを送り、「親魏倭王」の称号と、金印、多数の銅鏡などを贈られた、ということです。

ちょうど卑弥呼が生きていた時代、奈良県桜井市の纏向《まきむく》遺跡群の南端に最古段階の巨大前方後円墳があります。箸墓《はしはか》古墳です。ここで発見された土器破片の形式は、三世紀前半から中頃のものと考えられています。また、土器に付着した炭化物の放射性炭素年代測定法での調査では、二四〇年〜二六〇年という結果が出ています。

この結果から見れば、三世紀前半には、巨大な前方後円墳を造営することができる強力な統一国家が、現在の大和《やまと》地域（奈良県）に出現していたことは確かなようです。そして、おそらくこの国家の王が、現在の天皇家に繋《つな》がる大王《おおきみ》家の先祖だったと言っていいでしょう。

●九州説と畿内説、どっちにあった？

この原初的な大和政権と、邪馬台国はどのような関係にあったのでしょうか。

よく知られているように、邪馬台国の所在地は、九州北部説と近畿地方の大和説が対立しています。どちらの説をとるかで、日本の国家の成立に対する見方が分かれることになります。

大和に統一国家が生まれていたことは確かなことなので、邪馬台国が九州北部にあったとすれば、それは九州北部の地域的統一国家にすぎず、大和地方には別に政権があったということになります。現在の日本史教科書の多くがこれを、「ヤマト政権」とカタカナで表記するのは、「大和」が後の律令国家で制定された「国」の名前だからです。

この場合、ヤマト政権が、卑弥呼亡き後、再び乱れた西の邪馬台国を支配下に置いたか、あるいは邪馬台国が再び統一を取り戻し、東に攻めのぼってヤマト政権を併合し、新しいヤマト政権を作ったか、どちらかになります。

しかし、この時代に大きな戦いがあった形跡は、考古学の知見では見いだせません。そして、かつては三世紀末から四世紀と考えられていた箸墓古墳の造営時期が、三世紀中頃と修正されています。

箸墓古墳の被葬者は、第七代の孝霊《こうれい》天皇の皇女、倭迹迹日百襲姫命《やまとととひももそひめのみこと》だとされています（『日本書紀』）。この女性は、神明が憑依《ひょうい》するなど、呪術的な能力を持つ女性だとされており、卑弥呼ではないかとする説もあります。もちろん、『日本書紀』が成立するのはずいぶん時代が下った奈良時代のことですので、確かな証拠になるわけではありませんが、この墓に葬られている人物がそうした性格の女性だったという伝承はあったのかもしれません。

私としては、箸墓古墳の造営時期が卑弥呼の時代と一致すること、「魏志倭人伝」に、卑弥呼が亡くなって巨大な墓が築かれたと書かれていること、などの点から、**纏向遺跡が邪馬台国の王都であり、卑弥呼が治めた国が、ヤマト政権の源流だという説（寺沢薫『日本の歴史02王権誕生』）を支持したいと思っています。**

Q4 「倭《わ》の五王」と天皇家の繋がりとは？

――歴史のココをつかむ！――『宋書《そうしよ》』『日本書紀』と「鉄剣」が歴史の謎を解く

●倭の五王の正体

さて、三世紀の日本列島には、「魏志《ぎし》倭人伝」の記述によって卑弥呼《ひみこ》という王がいたことがわかるのですが、それ以後しばらく中国の歴史書に登場せず、ただ、古墳があるばかりという時代が続きます。そのため、四世紀は、「謎の世紀」と呼ばれています。

ただし、古墳の調査によって、四世紀半ば頃までに、ヤマト政権の造営した古墳と同形式の古墳が東北地方中部まで波及したことがわかっており、ヤマト政権の支配がそのあたりまで進んだことを示しています。都出比呂志《つでひろし》氏は、この支配体制を「前方後円墳体制」と呼んでいます（「日本古代の国家形成論序説―前方後円墳体制の提唱―」）。

そして五世紀初めから約百年ほどにわたって、「倭の五王」が中国南朝の宋に朝貢したことが、『宋書』倭国伝に書かれています。

その五王の名前は、讃《さん》・珍《ちん》・済《せい》・興《こう》・武《ぶ》と記されています。この時代は、日本の歴史書である『古事記』と『日本書紀』にも書かれている時代です。そのため、この五王が、どの天皇にあたるかが、問題になります。

興と武は兄弟だとされているので、済が允恭《いんぎょう》天皇で、興が安康《あんこう》天皇、武が雄略《ゆうりゃく》天皇であることは、ほぼ認められています。讃については、応神《おうじん》天皇、仁徳《にんとく》天皇、履中《りちゅう》天皇の三説あり、珍も仁徳天皇と反正《はんぜい》天皇の二説があります。確定はできないまでも、このあたりの天皇が実在の人物だったことは確かなようです。ただし、当時は「天皇」という称号はなく、あくまで「倭王」です。本書では、便宜上「天皇」と呼んでいきます。

●全国の主な古墳の分布

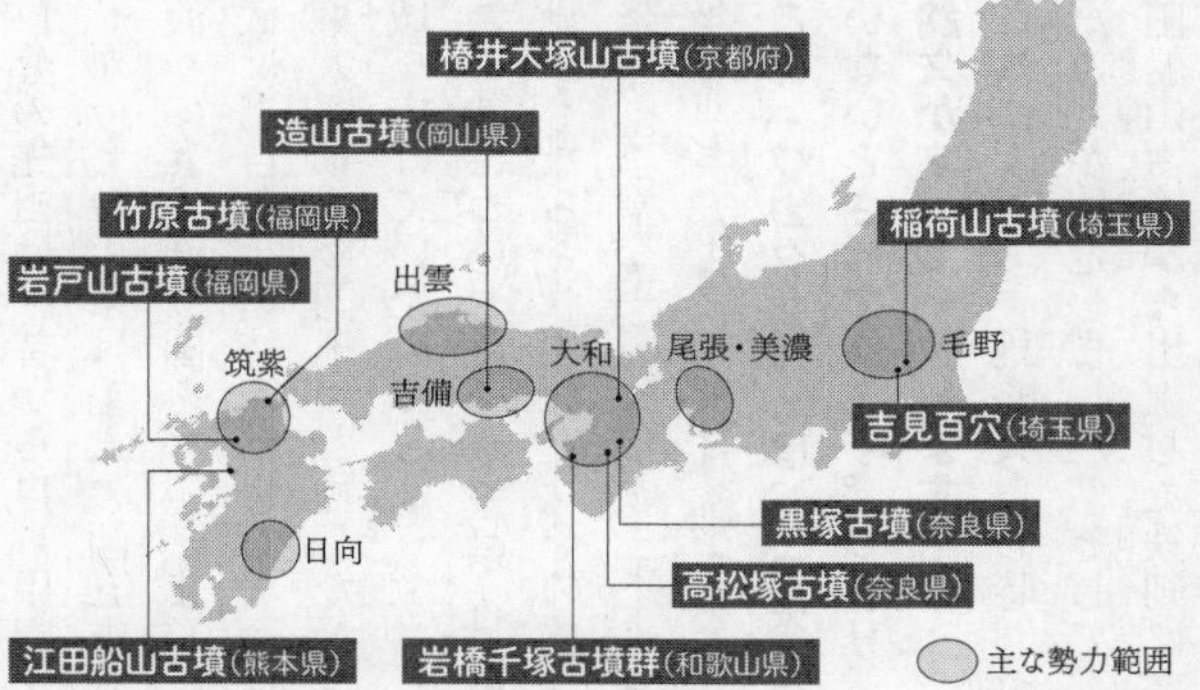

年配の読者の方には、「仁徳天皇陵」（大阪府堺市）、「応神天皇陵」（大阪府羽曳野市）という古墳はおなじみだと思います。仁徳天皇陵は、最大の規模を持つ古墳ですが、現在は、大仙陵《だいせんりょう》古墳と呼ばれています。また、第二位の規模を持つ応神天皇陵は、誉田御《こんだご》廟山《びょうやま》古墳と呼ばれています。ともに江戸時代に「仁徳天皇陵」などと言われるようになったというだけで、学術調査は行われておらず、学問的に確定できないから、地名で呼んでいるのです。

●雄略天皇は確かに実在した！

先にあげた『宋書』倭国伝には、四七八年、倭王・武が、宋の順帝《じゅんてい》に次のような上表文を上げたことが書かれています。

「自分の先祖は、昔から自ら甲冑《かっちゅう》を着け、地方に遠征して落ち着いている暇がありませんでした。東は毛人《えみし》の国五十五カ国を、西は衆夷《しゅうい》六十六カ国を征服し、北の海を渡って九十五カ国を平定しました」

武は、自ら「使持節都督倭・百済《くだら》・新羅《しらぎ》・任那《みまな》・加羅《から》・秦韓《しんかん》・慕韓《ぼかん》七国諸軍事、安東大将軍、倭国王」と称したとされていますので、朝鮮半島にも遠征して、支配領域を広げていたのでしょう。

この武については、埼玉県行田《ぎょうだ》市の稲荷山《いなりやま》古墳で出土した鉄剣の銘から重大な知見がもたらされました。その銘には、この地域の豪族であるヲワケという者が、「獲加多支鹵《ワカタケル》大王」に仕え、天下を治めるのを補佐したこと、それを記念して辛亥《かのとい》の年（四七一年）にこの鉄剣を製作したという内容が書かれています。

この「ワカタケル」は、『日本書紀』に「大泊瀬幼武《オオハツセノワカタケル》」と書かれた雄略天皇に間違いないとされています。つまり、『宋書』と『日本書紀』、そして発掘された鉄剣の銘文がすべて一致します。

これによって、雄略天皇の時、ヤマト政権は、北関東の埼玉県の豪族を従わせていたことが確定しました。そして、これまで読みのわからなかった熊本県玉名郡の江田船山《えだふなやま》古墳から出土した鉄剣に書かれた名前も「ワカタケル大王」だとわかりました。つまり、雄略天皇は、実在の人物であるとともに、その支配領域は確かに北関東から九州の熊本にまで及んでおり、おそらくは朝鮮半島にまで遠征して支配地域を広げていたことが推測できたのです。

卑弥呼はともかくとして、前方後円墳を造り始めた時代から大王となる血筋が定まっていたと言えるならば、以下で述べていくような中世前期までの皇位をめぐる政治の動きが、より説得的に説明できるのではないかと思っています。

Q5 継体《けいたい》天皇の時、王朝交代はあったのか？

—歴史のココをつかむ！— 王朝を繋いだ「ヤマト政権の大王《おおきみ》の血筋」

●ヤマト王朝の血筋の断絶

雄略天皇の後は子の清寧《せいねい》天皇が継ぎますが、雄略の系統はそこで絶え、履中《りちゅう》天皇の孫の顕宗《けんぞう》天皇が後を継ぎます。顕宗天皇の後は、その兄弟の仁賢《にんけん》天皇で、その後は仁賢天皇の子、武烈《ぶれつ》天皇が継ぎますが、五〇六年、武烈天皇は、跡継ぎを定めないまま没し、倭の五王の皇統も絶えてしまいます。

そのため、大連《おおむらじ》の大伴金村《おおとものかなむら》、物部麁鹿火《もののべのあらかび》、大臣《おおおみ》の巨勢男人《こせのおひと》らが協議し、応神《おうじん》天皇の血を引くとされる越前《えちぜん》を統治していた男大迹王《おおどのおおきみ》を迎え、継体天皇とします。この天皇は、「継体」という諡号《しごう》からも推測されるように、王朝を継いだ天皇です。いわば、ここでヤマト王朝は、別の王朝に代わったと言っていいかもしれません。

●女系によるヤマト政権の血筋の継続

しかし、継体天皇は、応神天皇の「五世の孫」とされています。さらに武烈天皇の姉（妹との説もある）にあたる手白香皇女《たしらかのひめみこ》を皇后としているので、応神天皇の血筋というだけではなく、直前の皇統とも女系で繋《つな》がる形をとっています。いわば女系によって大王家の血筋が繋がっているため、当時の人々は王朝が代わったとは考えていないようです。

重要なことは、誰もが認める然《しか》るべき跡継ぎがいない場合でも、有力な豪族からではなく、ヤマト政権の大王の血筋に連なる者を大王に据えるという合意があったことです。すでに大王は、長く続くヤマト政権の大王の血筋の者でなければならな

●天皇系図

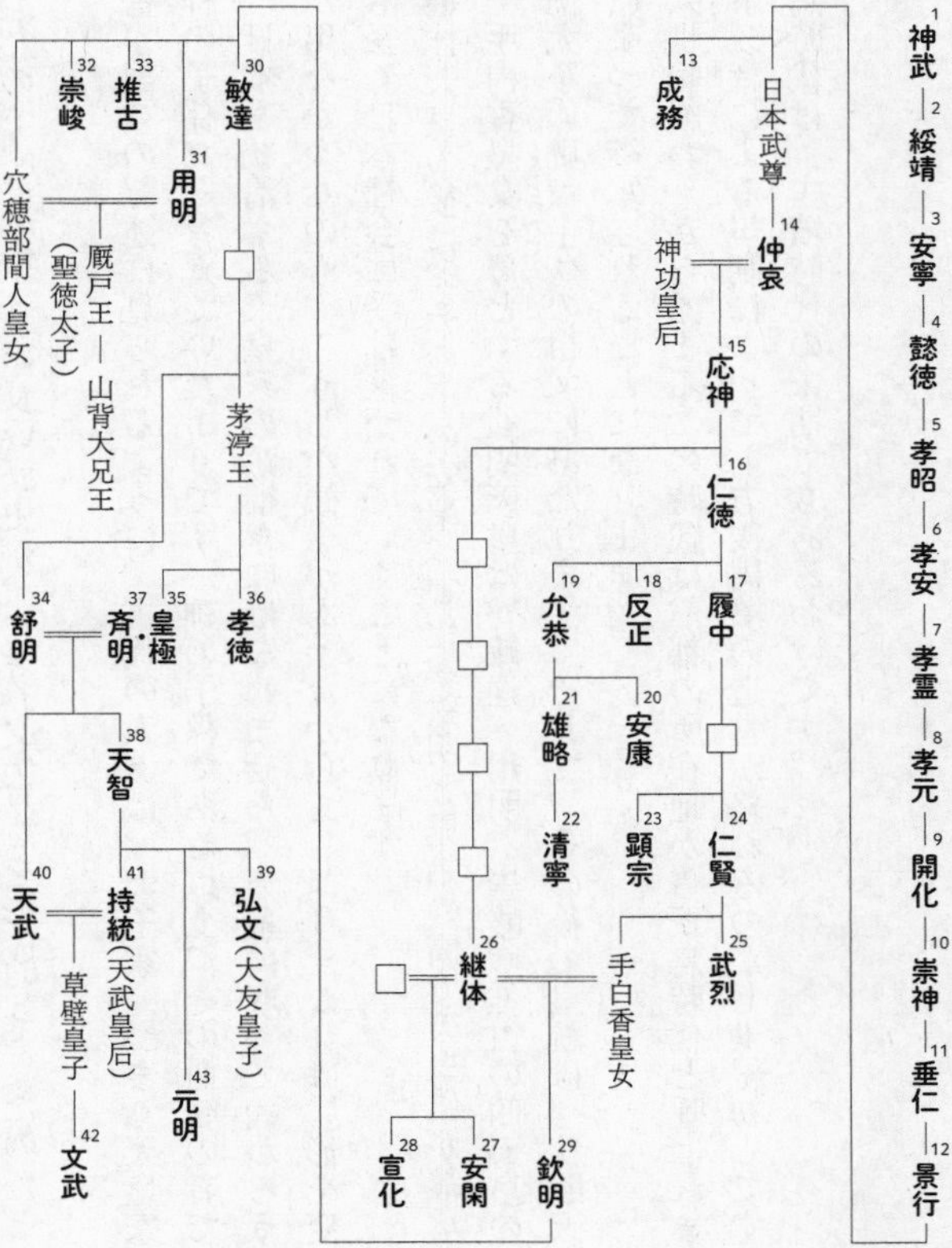

※数字は天皇代数

かったのです。大王家の長い歴史が、こうした合意を形成してきたのだと思います。

『古事記』の記述に見られるように、古代の人々は、大王家、つまり天皇家の人々を神の子孫だと考えていたようです。神の子孫である以上、その血筋の者でなければ、日本を統治する天皇家の跡継ぎにはなれません。天皇に取って代わろうとする者が出なかったのも、こうした観念があったからでしょう。これは、形を変えながらも長く日本社会に受け継がれていくことになります。

継体天皇の後は、その子の安閑《あんかん》、宣化《せんか》、欽明《きんめい》と兄弟の間で天皇位が継承されます。手白香皇女を母とする欽明天皇は、敏達《びだつ》、用明《ようめい》、崇峻《すしゅん》、推古《すいこ》の四天皇の父で、聖徳太子（厩戸王《うまやどのおう》）の祖父にあたります。そして、その後の皇統は、欽明天皇の血筋によって継承されることになります。

六世紀終わりから始まるこの時代は、都の所在地から飛鳥時代と呼ばれます。ヤマト政権による規制によって前方後円墳の造営が終わるのが七世紀初めですから、飛鳥時代は、古墳時代の末期でもあるわけです。

二 飛鳥·奈良時代 律令国家の完成

Q6 なぜ聖徳太子は天皇になれなかったのか？

―歴史のココをつかむ！―血統の力関係から歴史をひもとく

●聖徳太子はいなかった？

飛鳥時代は、ようやく考古学の時代から歴史学の時代へ入った時代です。そして、この時代に教科書で最大のキーパーソンとなるのが、聖徳太子です。

現在の教科書では、聖徳太子ではなく、厩戸王《うまやどのおう》あるいは厩戸皇子《うまやどのみこ》という名前が採用され、それにカッコで聖徳太子と入れるのが一般的です。これはどういうことでしょうか。

実は、「聖徳太子」は死後に贈られた諡号《しごう》であり、本名は、『日本書紀』に「厩戸《うまやどの》豊聡耳皇子《とよとみみのみこ》」と書かれているからです。『日本書紀』が成立した奈良時代には、すでに廐戸王は仏教をもたらした人物として崇拝され始めており、聖なる徳を持った人物として「聖徳太子」と呼ばれていました。

聖徳太子の業績とされるものは、冠位十二階の制度と十七条の憲法、そして隋《ずい》との対等外交です。冠位十二階は、天皇を中心とした官僚制を作り上げる端緒となる制度で、十七条の憲法は、それら官僚たちの服務規程です。どちらも日本の歴史を考える上では重要な制度です。

そして、その頃、聖徳太子は中国を統一していた大帝国である隋に遣隋使を送り、対等な外交を行おうとしました。ただし、六〇〇年に送った第一回遣隋使は、ほとんど相手にされませんでした。冠位などの朝廷の制度が調っていなかったからだと推測されています（吉田孝『日本の誕生』）。

第二回の小野妹子《おののいもこ》を大使とした遣隋使は、「日出《いず》る処《ところ》の天子、書を日没する処の天子に致す。恙《つつが》なきや」という国書で有名ですが、隋の皇帝、煬帝《ようだい》は、倭国《わこく》の王が天子を名のることの無礼に怒り、二度と取り次ぐなと言ったということです。しかし、高句麗《こうくり》と対立していた煬帝は、気を取り直して返礼使の裴世清《はいせいせい》を送ります。

こうした業績は、すべて聖徳太子の発案とされているのですが、そのあたりには古くから異論も提出されています。

当時、権力を持っていたのは、大臣《おおおみ》の蘇我馬子《そがのうまこ》でした。冠位十二階の制度も、蘇我氏には適用されていません。蘇我氏は冠位をもらう側ではなく、与える側だったのです。これは、蘇我氏の力を抑えることができなかった、という説明がされるのですが、そうではなく、そもそも天皇家に協力していた蘇我氏との合作だと考えれば、当然のことだったとも言えます。

聖徳太子の父は用明《ようめい》天皇で、母は穴穂部間人皇女《あなほべのはしひとのひめみこ》ですが、祖母は父方も母方も蘇我稲目《いなめ》の娘で、聖徳太子の妻も、馬子の娘、刀自古郎女《とじこのいらつめ》です。つまり、聖徳太子は、蘇我氏系の皇族だったのです。そうであれば、聖徳太子の政治というものも、馬子との共同政権だったと考える方がいいようです。後に乙巳《いっし》の変で蘇我氏が誅殺《ちゅうさつ》されるので、馬子の業績が、すべて聖徳太子に帰《き》したと考えるべきでしょう。

こうしたことから、聖徳太子は実在しなかった、という説も提起されています。これは聖徳太子というのは『日本書紀』が創造した架空の聖人で、いたのは厩戸王という独立した宮殿と氏寺を持てるほど有力な蘇我氏系の王族だ、というものです（大山誠一『〈聖徳太子〉の誕生』）。「太子」でないのなら、皇太子ではなく、当時、「摂政」という地位もないので、聖徳太子のイメージはずいぶん変わります。しかし、厩戸王自体はいたのですから、後に「聖徳太子」と呼ばれる人物がいたはずなのですが、大山氏はその功績はほとんど捏造だと指摘しています。つまり、冠位十二階や十七条の憲法は、厩戸王の時代にはなかった、ということです。

●聖徳太子が「皇太子」にとどまった理由

聖徳太子が、なぜ「摂政」にとどまって天皇にならなかったのか、という点については、河内祥輔《こうちしようすけ》氏の説に説得性があるように思います。河内氏は、『古代政治史における天皇制の論理』において、その頃の天皇には、子孫に皇位を継承させることのできる天皇とできない天皇がいたという説を提起しています。河内氏は、前者を「直系」、後者を「傍系《ぼうけい》」と呼んで区別しています。直系と傍系の違いは、生母が皇女であるかどうか、ということです。

この説によると、継体《けいたい》天皇以後、安閑《あんかん》、宣化《せんか》は傍系で、直系は欽明《きんめい》です。そして、欽明と宣化の皇女、石姫《いしひめ》との間に生まれた敏達《びだつ》も直系です。しかし、敏達天皇の死後、直系の候補者がいなくなります。

欽明には、蘇我稲目の娘、堅塩媛《きたしひめ》との間に推古《すいこ》と用明が生まれ、同じく稲目の娘、小姉君《おあねのきみ》との間に崇峻《すしゅん》が生まれています。また、敏達には、息長真手王《おきながのまてのおおきみ》の娘、広姫《ひろひめ》との間に、押坂彦人大兄皇子《おしさかのひこひとのおおえのみこ》が生まれています。

●聖徳太子の略系図

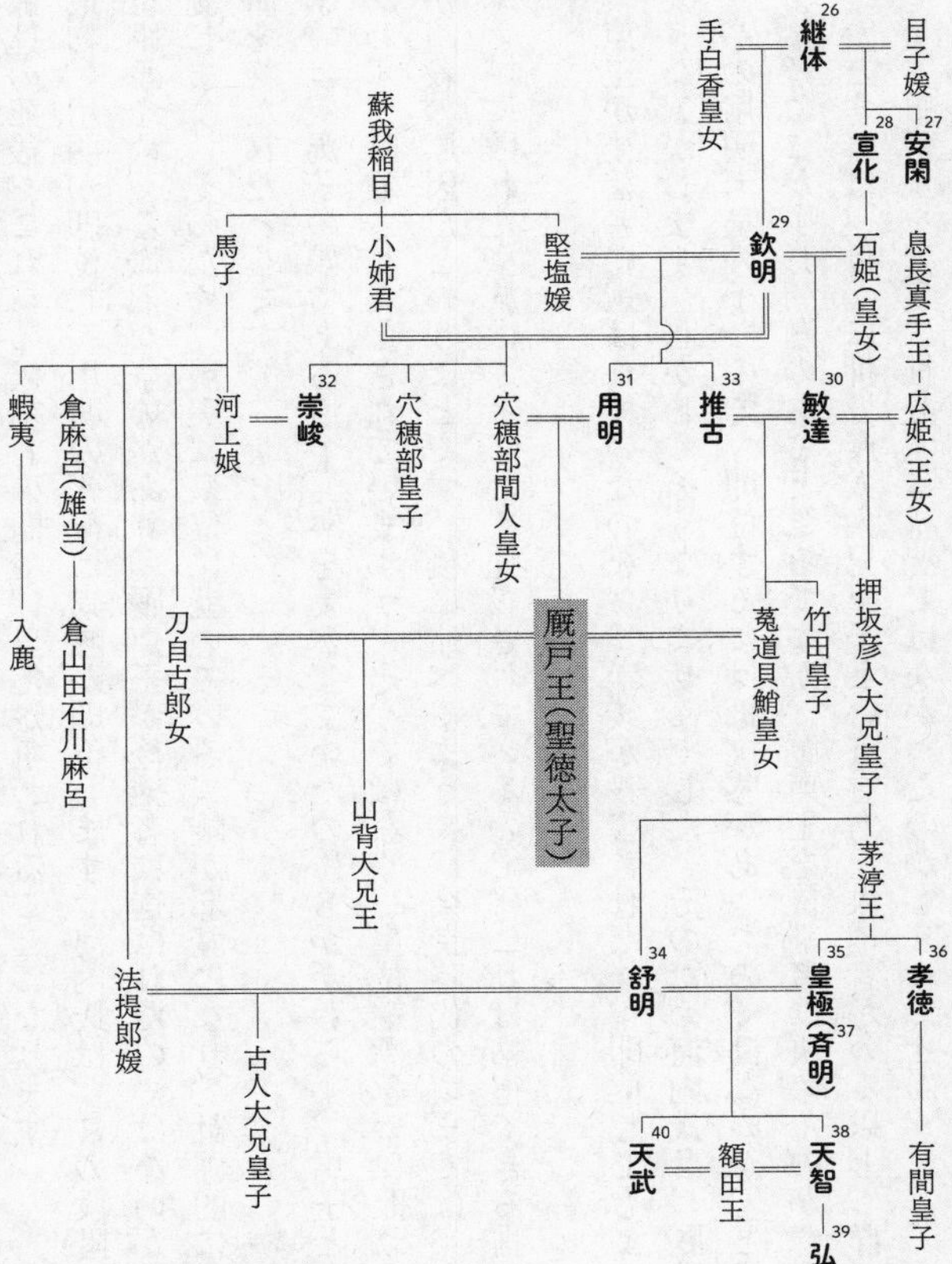

※太字は天皇、数字は天皇代数

敏達の死後、これらの候補者の間で、皇位が争われることになります。

最初、用明が即位し、用明の死後は崇峻が即位します。河内氏は、この段階で、皇位継承をめぐる熾烈《しれつ》な争いがあり、厩戸王が後継者に選ばれたのではないか、と推測します。そのため、現実に皇位に就いている崇峻が邪魔になり、計画的にその生命を絶たれたとします。

崇峻は、馬子の娘である河上娘《かわかみのいらつめ》を妻としていたのにもかかわらず、馬子とそりがあわず、暗殺されたとされていますが、そうではなく、皇位継承争いに敗れたことが暗殺の原因だということです。後に述べるように、奈良時代の頃までは、皇位継承争いに敗れた皇族はことごとく抹殺されているので、これは納得できる推測です。

厩戸王が後継者に選ばれていたのなら、崇峻が殺害された後、即位してもよかったような気がします。しかし、そうなりませんでした。そのため河内氏は、厩戸王が傍系の用明天皇の子なので、即位するには抵抗感があったのではないか、と推測します。ここが少し問題のあるところですが、厩戸王を後継者に決めたのが蘇我氏だったとすれば、ほかに押坂彦人大兄皇子という有力な候補者がいる以上、群臣がこぞって厩戸王を天皇に推戴する状況ではなかったのかもしれません。

そこで選ばれた方策が、**敏達の后《きさき》である炊屋姫《かしきやひめ》が即位して推古天皇となり、厩戸王が皇太子になって将来の直系になる布石とすることでした。推古天皇は、継体以降の直系天皇である欽明の娘で、直系を継いだ敏達の后ですから、文句を言える者はありません。そして、推古のもとで厩戸王が実績を積み、推古の後は厩戸王という路線を描いたのでしょう。**

厩戸王は、馬子とともに政治的な実績を積んでいき、天皇になる条件は揃っていました。ところが、まだ推古天皇の存命中に没してしまうので、結局、天皇になることがなかったのです。

●聖徳太子肖像の謎

かつて一万円札にも使われていた聖徳太子の肖像ですが、これについても異論が提出されています。この肖像画は、明治十一年（一八七八）に法隆寺から皇室に献納されたもので、現在は御物《ぎょぶつ》になっており、宮内庁が管理しています。

私が東京大学史料編纂所に助手として採用された頃、当時、所長だった今枝愛真《いまえだあいしん》氏が、所内の研究発表会でこの肖像について、装幀されている絹地に「川原寺《かわらでら》」という文字があることから、聖徳太子ではなく、藤原（中臣）鎌足《かまたり》の肖像ではないか、という説を発表しました。

川原寺は、のちの天智《てんぢ》天皇が、母の斉明《さいめい》天皇の川原宮の跡に創建した寺で、聖徳太子の肖像があるのはおかしいのです。しかも、その人物が持っている笏《しゃく》は、奈良時代に中国から伝わったものです。

そのため、現在では、教科書にも「伝聖徳太子」として、あくまで聖徳太子と伝えられている肖像で、聖徳太子ではないかもしれない、というニュアンスで掲載されています。

Q7 蘇我氏が滅ぼされた本当の理由とは?

―歴史のココをつかむ!― 入鹿《いるか》死後の流れに見る中大兄皇子《なかのおおえのみこ》の謀略

● 山背大兄王《やましろのおおえのおう》は抹殺された

推古《すいこ》天皇の後は、押坂彦人大兄皇子《おしさかのひこひとのおおえのみこ》の子、田村皇子《たむらのみこ》が即位して舒明《じょめい》天皇になりました。この時、田村皇子と厩戸王《うまやどのおう》の子である山背大兄王との間で、皇位が争われました。山背大兄王の母は蘇我馬子《そがのうまこ》の娘、刀自古郎女《とじこのいらつめ》でしたが、舒明も馬子の娘、法提郎媛《ほほてのいらつめ》を娶《めと》り、古人大兄皇子《ふるひとのおおえのみこ》が生まれていました。

すでに馬子は没しており、蘇我家の当主は蝦夷《えみし》でした。蝦夷は、山背大兄王とは仲が悪かったようで、古人大兄皇子の即位を見越して、田村皇子に乗り換えたのだと推測できます。

そのままいけば、舒明の後は古人大兄皇子ということになったでしょう。ところが六四一年、舒明が没します。山背大兄王という有力な皇位継承者がいたため、古人大兄皇子の即位では合意を得ることが難しく、舒明の后《きさき》、宝皇女《たからのひめみこ》（押坂彦人大兄皇子の孫）が即位して皇極《こうぎょく》天皇になります。

蘇我氏では、蝦夷の子の入鹿が実権を握るようになります。入鹿は、古人大兄皇子が確実に即位できるようにするため、六四三年、山背大兄王を攻め、自害させます。『日本書紀』によると、それまでも入鹿は横暴な行動をとっており、この行動には、蝦夷さえ「こんな暴虐なことをやっていたのでは、お前の命も危ないぞ」と叱責したと言います。

ただ、このあたりの『日本書紀』の記述は、疑ってかかる必要があります。蘇我氏は、この後、滅びるので、すべての罪が蘇我氏にかぶせられている可能性があるからです。ここで確かなのは、有力な皇位継承者だった山背大兄王が抹殺された、ということだけです。

●乙巳《いっし》の変の原因は蘇我氏の横暴か

ここで、後の皇統の創始者となる中大兄皇子と摂関家藤原氏の祖、中臣鎌足《なかとみのかまたり》が登場します。蘇我氏の専横に不満を持っていた二人は、蘇我氏の一族である蘇我倉山田石川麻呂《くらのやまだのいしかわのまろ》も味方に引き入れます。そして六四五年六月、朝鮮三国が倭王《わおう》に貢ぎ物を献上する儀式の最中、蘇我入鹿を斬殺します。これが乙巳の変です。

なぜ、このようなことをしたのでしょうか。現在では、国際情勢の変化が重視されています。当時、唐は高句麗《こうくり》遠征を行っており、朝鮮三国でも政変が相次いでいました。こうした危機的な情勢の中、蘇我氏が権力を握っていては半島情勢に迅速に対応することができない、天皇を中心とした新しい政権を作らなければならない、という焦燥感があった、という説です。

確かに背景としては、国際情勢もあったでしょう。しかし、この事件は、もっと直接的な権力争いだったように思います。

中大兄は、父が舒明、母が皇極です。天皇になる十分な資格を持っています。しかし、蘇我氏が異母兄の古人大兄皇子を支持している以上、天皇になれる可能性はほとんどありませんでした。そこで、入鹿を殺し、蘇我氏を滅亡させることによって、その可能性をつかもうとしたのではないでしょうか。

中大兄は、入鹿の罪状として、「天皇に取って代わろうとしたのだ」と皇極天皇に言っています。しかし、入鹿は、斬りつけられた時、皇極天皇に「私が何をしたというのでしょうか」と命乞いをしたということです。天皇や皇族を殺害することはあっても、それは蘇我氏に都合のよい皇族を即位させるためのもので、入鹿に皇位を簒奪《さんだつ》しようという気持ちがあったとは考えにくいところです。これも、中大兄が自分の行為を正当化するために言ったことに違いありません。

入鹿が殺された後、蝦夷も自邸で自害し、稲目《いなめ》以降、権力を握ってきた大臣《おおおみ》家の蘇我氏は滅びます。

この後の歴史の推移を見れば、この事件の本質が見えてくるように思います。

皇極天皇は、中大兄に譲位することを伝えますが、中大兄は、鎌足と相談して叔父の軽皇子《かるのみこ》を推薦します。

もし、中大兄が天皇権力の強化だけを目的にしたのであれば、兄の古人大兄を天皇に立てるのがもっとも理にかなっていますが、そうはしませんでした。とりあえず

叔父を天皇に立て、古人大兄に皇位を継がせるつもりはないことを示したわけです。

自分が危険な立場にあることを自覚していた古人大兄は、飛鳥寺《あすかでら》で剃髪《ていはつ》し、吉野に去ります。こうして軽皇子が即位して孝徳《こうとく》天皇になります。

しかし、中大兄は、古人大兄をそのままにはしませんでした。謀叛《むほん》の企みがあるとして、吉野に兵を出して古人大兄を討ちます。中大兄に協力していた倉山田石川麻呂もまた、中大兄によって討たれます。

六五四年、孝徳天皇が没すると、皇極天皇が重祚《ちょうそ》し、斉明《さいめい》天皇になります。まだ中大兄は即位しません。孝徳天皇の皇子である有間皇子《ありまのみこ》も、皇位継承の有力者だったというだけの理由で、謀叛の疑いがかけられ処刑されます。

このように、中大兄のライバルはすべて抹殺されています。乙巳の変に始まる一連の事件は、中大兄の謀略だったと考えていいと思います。

Q8 大化の改新の真の狙いとは?

一歴史のココをつかむ!一 豪族の連合国家から天皇中心の国家へ

●「大化の改新」の実態とは？

乙巳《いっし》の変の後、皇太子だった中大兄《なかのおおえ》のもとで行われた国制改革が「大化の改新」です。豪族の私有地・私有民である田荘《たどころ》・部曲《かきべ》を廃止して、公地公民制への移行をめざしたものです。

公地公民制とは、それまで豪族や皇族の支配下にあった土地と人民を国家のもとに置くというものです。人民と土地を把握する戸籍・計帳の作成も、人民に土地を貸し与える班田収授《はんでんしゅうじゅ》の法も、この改革で定められました。

ただし、『日本書紀』に載せられている「大化改新の詔《みことのり》」は、のちの「大宝令《たいほうりょう》」などによる潤色《じゅんしょく》が多く見られることから、どこまで本当かがよくわかりません。そのため、「大化の改新はなかった」という説もあります。

乙巳の変は中大兄の権勢欲から起こったものだと言いましたが、なぜ権力を欲したかと言えば、**こうした天皇中心の中央集権国家を作ろうという強い意志があったからだと説明することができます。**有力氏族であった蘇我氏が滅びたのですから、ほかの豪族の権力も削減されていったことは確かで、こうした改革ができる下地はできていました。

中大兄時代の国政改革の実体はよくわからないのですが、天皇中心の国家に向けた動きがあったことは否定できません。

●天智《てんぢ》天皇、満を持しての即位

六六三年、倭国《わこく》は、唐と新羅《しらぎ》の連合軍と戦います。白村江《はくすきのえ》の戦いです。

この戦いは、唐・新羅連合軍に滅ぼされた百済《くだら》の遺臣の要請によるものでした。倭国には、当時、百済の王子、扶余豊璋《ふよほうしょう》が滞在していたので、倭国が協力すれば、百済の復興も可能でした。

戦いに先立つ六六一年正月、斉明《さいめい》天皇は、中大兄とその弟の大海人皇子《おおあまのみこ》らを連れて、難波《なにわ》を出航し、筑紫《つくし》に向かいます。女帝が自ら遠征軍を率いたのです。

この時、随行した額田王《ぬかたのおおきみ》が熟田津《にぎたづ》（愛媛県松山市）で詠んだのが、「熟田津に船乗りせむと　月まてば　潮もかなひぬ　今はこぎいでな」という有名な和歌です。

額田王は、最初、大海人皇子の妻でしたが、後に天智天皇の妃《きさき》になった女性です。

しかし、斉明天皇は筑紫で没し、朝鮮の白村江で行われた海戦では、決定的な敗北を喫しました。

中大兄は、筑紫に水城《みずき》という外濠《そとぼり》と土塁を築き、倭国の防衛に努める一方、六六七年には都を近江《おうみ》の大津宮《おおつのみや》に移しました。唐・新羅への恐怖心が窺《うかが》えます。そして翌年正月、ようやく即位して天智天皇になります。

斉明天皇の没後、空位の時代が続いていました。乙巳の変から数えると、実に二十三年もの間、皇太子として政治をとっていたわけです。もはや、中大兄の競争者は誰もいませんでした。

日本最初の戸籍である「庚午年籍《こうごねんじゃく》」が作成されたのは、この大津宮時代です。初めての法典である「近江令《おうみりょう》」も定められたとされますが、これは『日本書紀』に明確な記述がないことから、否定説もあります。

Q9 古代最大の内戦、壬申《じんしん》の乱とは？

―歴史のココをつかむ！―天皇権力が絶対的なものになる

● 天下分け目の戦い、壬申の乱

問題は、天智《てんぢ》天皇以後でした。

天智天皇には多くの后妃がいましたが、高い身分の母を持つ皇子はいませんでした。有力だったのは弟の大海人皇子《おおあまのみこ》で、「大皇弟」と称されています。これは、天皇を継ぐ身分を与えられていたと考えていいでしょう。大海人は、中大兄《なかのおおえ》を補佐して、政治的な実績も積んでいました。

ところが天智は、晩年、伊賀の采女《うぬめ》、宅子娘《やかこのいらつめ》を母とする大友皇子に皇位を譲りたいと考えるようになりました。六七一年には、新設した太政大臣に大友を任じました。

六七一年九月、天智は病に陥ります。病床の天智は、大海人を呼び、後を大海人に託したいと告げました。しかし大海人は、これを固辞し、出家して吉野に退きます。大海人は、兄の天智の政治手法を熟知していましたから、これがワナだと悟ったのでしょう。

この年十二月、天智は没します。政治をとった期間を考えると意外ですが、まだ四十六歳の若さでした。

翌年六月、大海人は挙兵します。そうしないと、自分が古人大兄《ふるひとのおおえ》のようになる可能性があると考えたのでしょう。

吉野を出た大海人は、伊賀、伊勢を通って美濃《みの》の不破《ふわ》に入ります。最初、味方に

●天智と天武の関係略系図

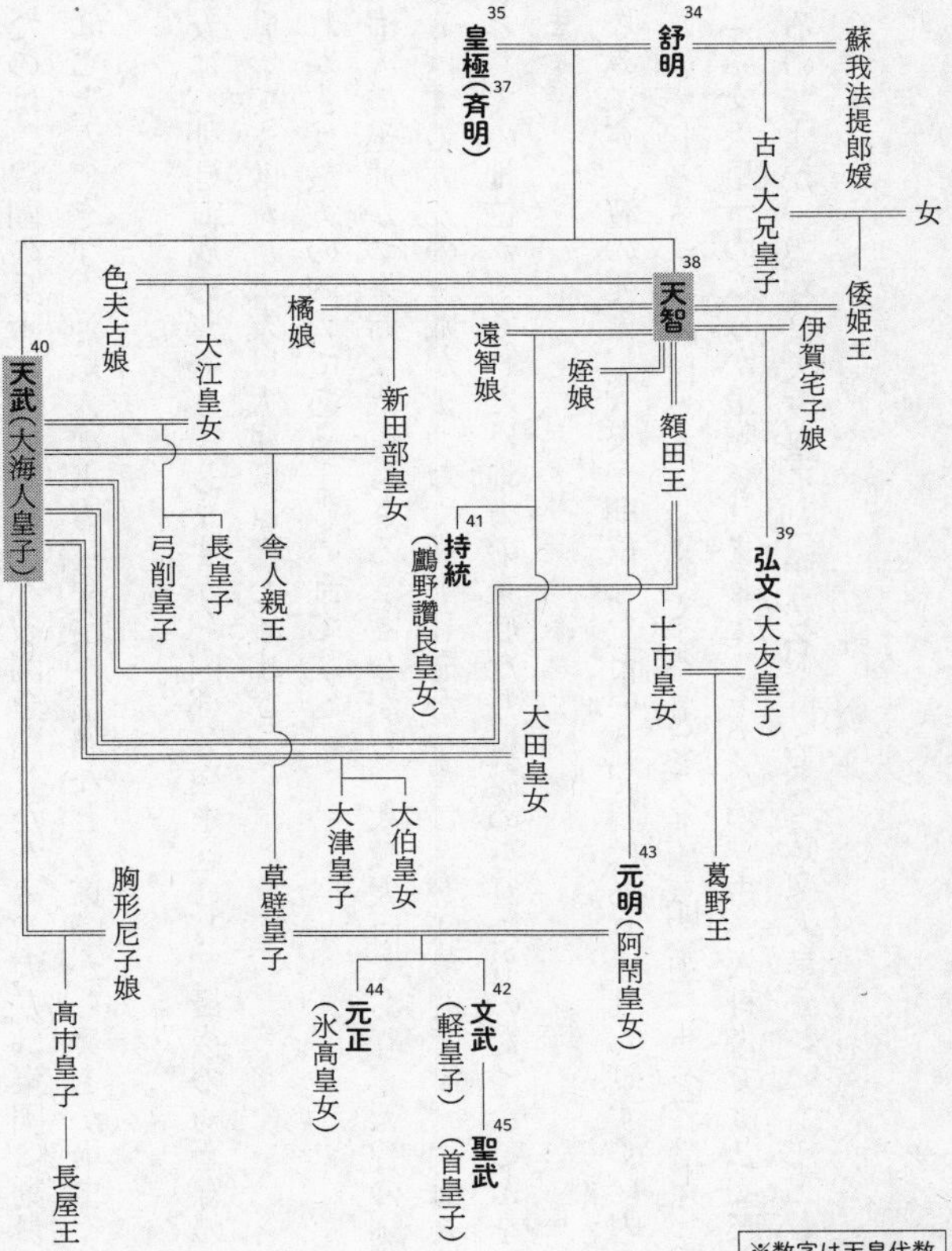

※数字は天皇代数

ついたのは美濃国の兵士たちでした。不破関を閉じたため、大友は東国に動員令を伝えることができず、逆に大海人方に甲斐《かい》・信濃《しなの》などの東国から兵士が集まってきます。

大友は、朝廷直属の軍勢を出しますが、内部分裂を起こし、最後の防衛線の瀬田川の戦いでも敗れ、大友は大津で自害します。

これが古代最大の内戦である壬申の乱です。

大海人の迅速かつ果断な措置もさることながら、太政大臣であり、天智の跡取りであるはずの大友の権威がまったく通用しなかったことが印象的です。大海人の後継者としての地位が、それだけ地方の豪族たちに認められたものだったことを示しています。

ちなみに、天智の死後、大友が即位したという記録はありません。すぐに内乱となったので、そういう暇はなかったのです。ところが、明治三年（一八七〇）、大友に「弘文天皇《こうぶん》」の諡号《しごう》が追贈されました。そのため、古い教科書では弘文天皇とされるのですが、現在は大友皇子という名だけで、（弘文天皇）という注記も付けません。

●天皇権力の絶対化

大海人は、飛鳥浄御原宮《あすかきよみはらのみや》で即位し、天武《てんむ》天皇になります。この時代、天武は「神」とあがめられるようになり、天皇権力が絶対的なものとして確立します。これまで便宜的に「天智天皇」などと呼んできましたが、「天皇」号自体も天武の時代に成立したものでした。

壬申の乱によって、大友についた近江《おうみ》朝廷の中央豪族が没落します。天皇権力を確立した天武天皇は、中央集権国家体制を作っていきます。まず、官僚制の形成を進め、豪族の序列を定めた八色《やくさ》の姓《かばね》という新しい身分制度を作ります。

大化の改新で公地公民制になったとされていますが、簡単に実現されたわけではなく、当時も実際には豪族が支配下の民を領有していました。天武は、中央豪族が没落したのを機に、これを廃止します。

日本最初の貨幣である富本銭《ふほんせん》の鋳造も、天武の時代のことです。これは、平成十一年（一九九九）に飛鳥池遺跡で三百枚近く発掘され、『日本書紀』の天武時代における銅銭使用の記述を裏付ける大発見になりました。それまで日本最古の貨幣は、和同開珎《わどうかいちん》だったとされていましたが、この発見により、現在では富本銭が日本最古の貨幣となっています。

また、「日本」という国号も、天武の孫の文武《もんむ》天皇時代に成立したとされています。大宝《たいほう》二年（七〇二）の遣唐使船が、唐の役人の取り調べに対して「日本国の使」だと答えていることがその根拠です（『旧唐書《くとうじょ》』）。**唐の役人は、これまでの「倭国」と「日本国」がどのような関係にあるか迷ったようですが、とにかく「日本」の国号が唐に認められることになりました。**

六八六年九月、天武は、飛鳥浄御原宮で没します。五十六歳でした。

Q10 律令国家はなぜできたのか?

—歴史のココをつかむ！—国家体制が「日本式」から「中国式」に

●飛鳥時代から奈良時代へ

天武《てんむ》の後は、皇后の鸕野讃良皇女《うののさららのひめみこ》との間に生まれた草壁皇子《くさかべのみこ》が即位するはずでした。この頃起こった大津皇子《おおつのみこ》の謀叛《むほん》と言われる事件は、それを確実にするための冤罪《えんざい》だったと思われます。背後に、鸕野讃良がいたかもしれません。

しかし、草壁は、即位しないまま二十八歳で没します。そのため、鸕野讃良が即位して持統《じとう》天皇になります。持統は、天智《てんぢ》の娘で、百人一首の「春すぎて 夏来にけらし 白妙《しろたえ》の 衣ほすてふ 天《あま》の香具山」の和歌で有名です。藤原京は、天武が建設を始めたもので、六九四年、持統は、藤原京を都とします。藤原京は、日本最初の本格的な都城です。

六九七年、持統は譲位して、草壁の子で皇太子だった軽皇子《かるのみこ》が十五歳で即位し、文武《もんむ》天皇になります。これは、持統の念願だったでしょう。持統は、その五年後の大宝《たいほう》二年（七〇二）に死去します。

ところが、文武天皇も、慶雲《けいうん》四年（七〇七）、二十五歳の若さで没します。幸い、文武には首皇子《おびとのみこ》がいましたが、まだ八歳でした。天武と持統の血筋で皇統を続けていくためには、首が即位するまで中継ぎの天皇が必要です。そこで、草壁の后《きさき》で文武の母、阿閇皇女《あへのひめみこ》が即位して元明《げんめい》天皇になります。

藤原京は、恒久的な都だったはずなのですが、唐の都、長安の構造とはずいぶん違うことがわかり、新しく平城京を建設することになりました。

和銅《わどう》三年（七一〇）、元明は、平城京に遷都します。元明天皇は、平城京に遷都した後、文武の姉、氷高皇女《ひだかのひめみこ》に譲位します。これが元正《げんしょう》天皇で、二代、女帝が続くことになります。元正も、甥《おい》の首皇子が即位するまでの中継ぎの天皇でした。

平城京は奈良のことですので、それ以降が奈良時代ということになります。天武死後から奈良時代の終わりまでは、天武皇統の時代だったと言うことができます。

●律令国家の義務には何があるか

律令国家とは、「律令」という中国の制度にならって創り上げた、飛鳥時代後期から平安時代初期までの日本の国家体制を指す用語です。律は刑法で、令は行政組織や人民の負担を定めた法律です。天武の時代に飛鳥浄御原令《あすかきよみはらりよう》が定められ、大宝元年（七〇一）には大宝律令が完成します。

中央の行政組織は太政官《だいじようかん》と神祇官《じんぎかん》の二官があります。政治は、左大臣《さだいじん》・右大臣《うだいじん》・大納言《だいなごん》などの太政官の公卿《くぎよう》の会議（陣定《じんのさだめ》）によって行われます。その後まもなく中納言・参議が設けられ、大臣や大納言とともに陣定の構成員となりました。弁官《べんかん》（左・右）は、太政官・五衛府《ごえふ》・諸国の役所と連絡を取る実務機関で、後々まで重要な役割を果たしました。少納言は天皇の側近で、侍従を兼ねていました。

太政官の下には、中務《なかつかさ》・式部《しきぶ》・治部《じぶ》・民部《みんぶ》・兵部《ひようぶ》・刑部《ぎようぶ》・大蔵《おおくら》・宮内《くない》の八省が置かれて政務を分担しました。各省の長官《かみ》は「卿《きよう》」、次官《すけ》は「輔《すけ》」、判官《じよう》（三等官）は

●律令制における官制

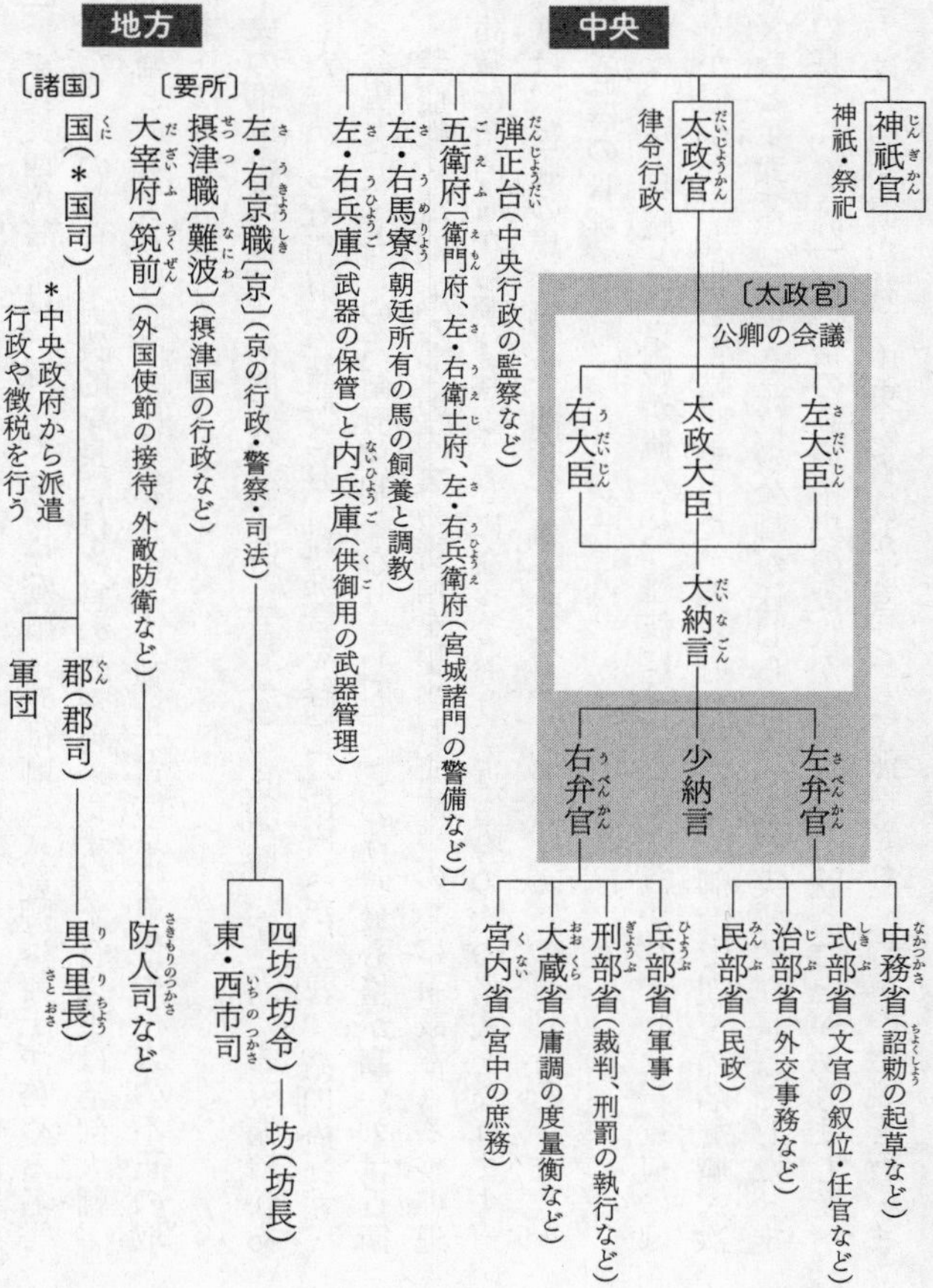
中央
神祇官《じんぎかん》
神祇・祭祀
太政官《だいじょうかん》
律令行政
〔太政官〕
公卿の会議
左大臣《さだいじん》
太政大臣
右大臣《うだいじん》
大納言《だいなごん》
左弁官《さべんかん》
少納言
右弁官《うべんかん》
中務省《なかつかさ》（詔勅《ちょくしょう》の起草など）
式部省《しきぶ》（文官の叙位・任官など）
治部省《じぶ》（外交事務など）
民部省《みんぶ》（民政）
兵部省《ひょうぶ》（軍事）
刑部省《ぎょうぶ》（裁判、刑罰の執行など）
大蔵省《おおくら》（庸調の度量衡など）
宮内省《くない》（宮中の庶務）
弾正台《だんじょうだい》（中央行政の監察など）
五衛府《ごえふ》（衛門府《えもん》、左《さ》・右衛士府《うえじ》、左《さ》・右兵衛府《うひょうえ》（宮城諸門の警備など））
左《さ》・右馬寮《うめりょう》（朝廷所有の馬の飼養と調教）
左《さ》・右兵庫《うひょうご》（武器の保管）と内兵庫《ないひょうご》（供御《くご》用の武器管理）
地方
〔要所〕
左《さ》・右京職《うきょうしき》〔京〕（京の行政・警察・司法）
四坊（坊令）
坊（坊長）
東・西市司《いちのつかさ》
摂津職《せっつしき》〔難波《なにわ》〕（摂津国の行政など）
大宰府《だざいふ》〔筑前《ちくぜん》〕（外国使節の接待、外敵防衛など）
防人司《さきもりのつかさ》など
〔諸国〕
国《くに》（＊国司）
郡《ぐん》（郡司）
里《り》（里長《りちょう》《さとおさ》）
軍団
＊中央政府から派遣
行政や徴税を行う

「丞《じょう》」、主典《さかん》（四等官）は「録《ろく》」です。中務卿、式部卿、兵部卿は親王が務める名誉職でした。その場合、実質的な長官は次官の輔が務めます。次官以下は治部大輔《じぶのたいふ》、治部少輔《じぶのしょう》というように二段階に分かれます。弾正台《だんじょうだい》は京《みやこ》の風俗や役人の不正の取り締まりにあたります。

　中央の軍事組織には、衛門《えもん》府、衛士《えじ》府（左・右）、兵衛《ひょうえ》府（左・右）の五衛府がありました。のち近衛府が新設され、統廃合を経て近衛府（左・右）、衛門府（左・右）、兵衛府（左・右）の六衛府体制となりました。このうち最も格が高いのは近衛府で、紫宸殿《ししんでん》・清涼殿《せいりょうでん》などの内裏《だいり》の警備を担当します。のちに新設される検非違《けびい》使《し》の諸職は衛門府から選ばれることになっており、近衛府の次の格式となります。馬寮《めりょう》は、宮中の馬や馬具、関東に置かれた牧《まき》（馬を貢《こう》する）の管理を行います。兵庫《ひょうご》は武器の管理です。

　京には、左京職《きょうしき》と右京職が置かれ、難波には摂津《せっつ》職が置かれました。筑前には大宰府《だざいふ》が置かれ、九州を管轄しました。大宰府の長官は「帥《そち》」で親王の名誉職、次官は大弐《だいに》と少弐《しょうに》で、二位・三位の公卿が任じられる大弐が実質的な長官でした。定員外の長官「権帥《ごんのそち》」は、格の高い中央の役人が左遷されて就くことがありました。

　地方は、国が置かれ、中央の貴族が国司《こくし》として派遣され、行政や徴税を行います。それぞれの国の役所がある場所を国府と言い、その役所を国衙《こくが》と言います。

民衆には、班田収授《はんでんしゅうじゅ》の法にもとづき口分田《くぶんでん》が支給され、税として、租《そ》・庸《よう》・調《ちょう》・雑徭《ぞうよう》などが賦課されます。租は収穫の三パーセントの稲、庸・調は絹・布・糸や各地の特産品を納めるものです。これを都に運ぶ運脚《うんきゃく》も民衆の義務でした。雑徭は、国司の命令で年間六十日を限度に労役に従事する義務です。そのほか、成人の三人から四人に一人の割合で兵士が徴発されました。

兵士として徴発された者は、各地の軍団に所属し、武芸の訓練に励みました。中には、都に派遣されて衛士となったり、九州に派遣されて防人《さきもり》になったりする者もいました。

律令国家の軍制は、いわば徴兵制によって成り立っていたのです。成人の三人から四人に一人ですから負担は大きく、当時の日本はたいへんな軍事国家だったと言うことができます。

Q11 なぜ道鏡《どうきょう》は天皇になろうとしたのか？

―歴史のココをつかむ！― 重要視された聖武《しょうむ》天皇の血統

●仕組まれた長屋王の変

奈良時代は、和銅《わどう》三年（七一〇）の平城京遷都から、延暦《えんりゃく》三年（七八四）に長岡京に遷都するまでの七十四年間です。このわずかな期間に長屋王の変をはじめとする政争がたびたび起こっています。これはなぜでしょうか。

女帝である元正《げんしょう》天皇の甥、首皇子《おびとのみこ》は、天武《てんむ》と持統《じとう》の血筋を受け継ぐ期待の男子でした。ただ、首皇子の母は藤原不比等《ふひと》の娘、宮子《みやこ》でした。この母の出自《しゅつじ》が、奈良時代を政争の時代とした大きな要因の一つになります。

神亀《じんき》元年（七二四）、首皇子はようやく即位して、聖武天皇になります。奈良に大仏を建立したり、諸国に国分寺・国分尼寺を建てたりした信心深い天皇です。

聖武の妃《きさき》は、藤原不比等の娘、光明子《こうみょうし》です。中大兄《なかのおおえ》に協力して新しく政権を打ち立てた鎌足の子が、ますます天皇家と強いつながりを持っていくことになります。いわば、藤原氏は、そもそもの始まりから天皇家に最も忠実な家臣だったとい

●天皇と藤原氏の関係略系図

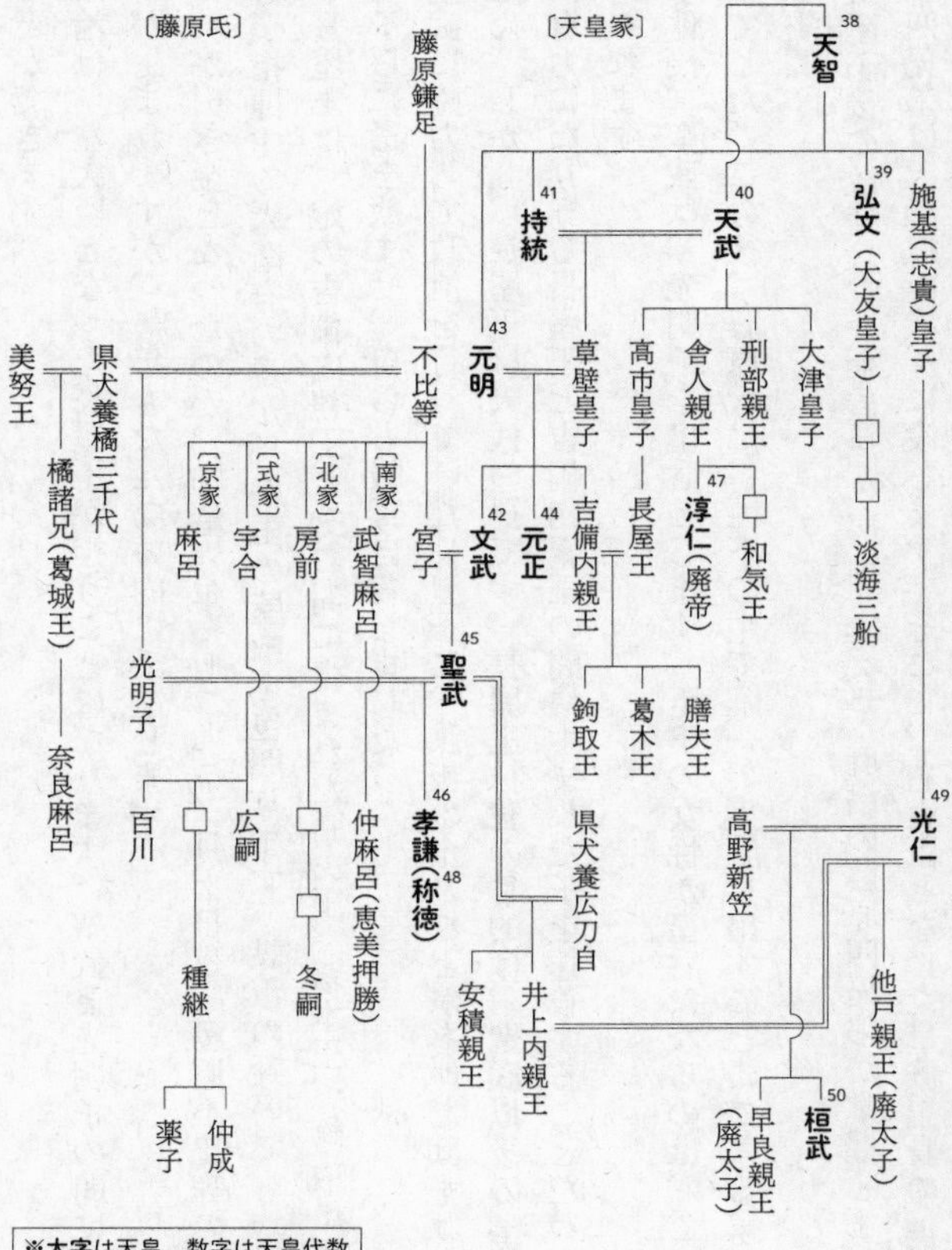

※太字は天皇、数字は天皇代数

うことができます。

政治は、左大臣《さだいじん》となった長屋王が担うことになります。聖武と光明子の間には、男子が生まれますが、一年もたたない内に夭逝《ようせい》します。

これが引き金となったのか、神亀《じんき》六年（七二九）二月十日夜、藤原不比等の三男宇合《うまかい》が指揮する六衛府《ろくえふ》の兵が長屋王の屋敷を包囲します。謀叛《むほん》の疑いでした。翌日、長屋王は、妃の吉備《きび》内親王とその間に生まれた膳夫王《かしわでのおう》、葛木王《かつらぎのおう》、鉤取王《かぎとりのおう》の三人の子らに毒を飲ませ、自らも服毒自殺しました。

聖武に協力して政治を行っていた長屋王に、謀叛の企みなどがあったはずはありません。しかし、長屋王は天武の孫です。長屋王抹殺の目的は、聖武以後の皇位争いに有力になりうる長屋王と吉備内親王の間に生まれた子を抹殺することだったと考えられます。

事件後、聖武は、光明子を皇后とします。臣下の女性が皇后になるのは、これが最初でした。この後、藤原氏は、臣下の中で唯一、皇后を出すことのできる家となります。

長屋王後の政権は、武智麻呂《むちまろ》・房前《ふささき》・宇合・麻呂《まろ》の藤原四兄弟が掌握しましたが、四兄弟は天然痘で次々に没します。そこで、右大臣《うだいじん》となった皇族出身の橘諸《たちばなのもろ》兄《え》が政権を握ります。この政権では、遣唐使だった吉備真備《きびのまきび》や玄昉《げんぼう》が活躍します。この頃起こった藤原広嗣《ひろつぐ》の乱は、素行が悪く大宰少弐《だざいのしように》に左遷されていた宇合の子、広嗣の反乱です。災害が続くのは政治が悪いから、というのが反乱の理由ですが、所詮は私怨によるものでした。

●次々に起こる政争と道鏡の登場

聖武は、天平《てんぴよう》十年（七三八）、娘の阿倍《あべ》内親王を皇太子とします。阿倍は、天平《てんぴよう》勝宝《しようほう》元年（七四九）、即位して孝謙《こうけん》天皇になります。

この時代に政権を握ったのは、藤原四兄弟の長男武智麻呂の子、藤原仲麻呂《なかまろ》でした。これに対して、橘諸兄の子、奈良麻呂《ならまろ》がクーデターを起こそうとしますが、事前に発覚し、奈良麻呂は捕らえられます。

この事件も、政治の主導権を握りたいという奈良麻呂の私欲から出たものでした。

この事件によって、仲麻呂の権力が飛躍的に高まります。仲麻呂は、天武系の大《おお》炊王《いおう》を擁立して、淳仁《じゆんにん》天皇とします。孝謙は、太上天皇になりました。淳仁の即位は、跡継ぎのいない孝謙としては、認めざるを得ないことでした。

ところが、孝謙が病気になった時、看病した道鏡という僧を孝謙が寵愛《ちょうあい》するようになり、そのことによって、孝謙と淳仁が不仲になります。

こうした孝謙に対して、仲麻呂が反乱を起こそうとします。しかし、孝謙に先手を打たれ、敗死することになります。仲麻呂は、恵美押勝《えみのおしかつ》という名を賜《たまわ》っていたので、恵美押勝の乱と称されます。

淳仁も廃位され、淡路に流されることになります。ちなみに、淳仁の名も明治三年(一八七〇)に追贈されたもので、当時は「淡路廃帝《あわじはいたい》」などと呼ばれています。たいへん影の薄い天皇でした。

孝謙は重祚《ちょうそ》し、称徳《しょうとく》天皇になりました。女帝である称徳が跡継ぎの望めない天皇だということは、誰の目にも明らかでした。しかも称徳は、皇位継承権のある者を次々に抹殺していきます。天平神護《てんぴょうじんご》元年(七六五)には、舎人《とねり》親王の孫、和気王《わけおう》が謀叛の疑いで殺害され、淡路に幽閉されていた淳仁も、脱走をはかって殺害されます。

その一方で称徳は、道鏡を太政大臣禅師《ぜんじ》とし、さらに法王とします。そして、宇佐八幡宮で、道鏡を天皇とするようにという神託があったという報告がもたらされます。

しかし、これは、使者として派遣された和気清麻呂《わけのきよまろ》（当時は輔治能清麻呂《ふじのの》）が、「皇位には必ず天皇家の血筋を引く者を立てよ」という託宣を持ち帰ったことにより、道鏡が天皇になることはありませんでした。

●道鏡事件の謎を解く

奈良時代最大の謎は、なぜ称徳天皇が、道鏡を天皇にしようとしたのか、という問題です。僧侶の道鏡は、たとえ天皇になったとしても、子どもをもうけることができないため、皇統を保つことはできません。皇統を保つことができないなら、法王で十分で、何も天皇になる必要はないと思われます。

渡辺晃宏《あきひろ》氏は、たまたま道鏡を天皇にという宇佐八幡の神託があったため、称徳と道鏡が喜んで勇み足を犯したのではないか、と推測しています（『日本の歴史04 平城京と木簡の世紀』）。つまり、最初の神託を信じてしまった、ということです。

河内祥輔《こうちしょうすけ》氏は、皇統の継続、という視点からこの事件を読み解きます。一代限りにならざるを得ない道鏡は、女帝と同じく中継ぎだった、ということです。それでは、その次の天皇は誰でしょうか。

史実においては、称徳の死後、天智《てんぢ》天皇の孫である白壁王《しらかべのおう》が擁立され、光仁《こうにん》天皇になります。従来は、ここで皇統が、天武系から天智系に戻ったと考えられていました。しかし、河内氏は、光仁即位の一カ月後に井上《いのうえ》内親王が皇后になり、さらにその二カ月後に光仁と井上の子である他戸《おさべ》親王が皇太子になっていることを重視します。

つまり、光仁擁立の真の目的は、他戸の立太子ではないか、ということです。**井上内親王は聖武天皇の娘ですから、聖武の血統が女系を通して他戸に受け継がれていることが決定的に重要だったのです。**光仁は、本人の資格ではなく、井上内親王の夫であることで、擁立されたと考えていいでしょう。

他戸の生まれた年は、天平宝字《てんぴょうほうじ》五年（七六二）だとされています。河内氏は、これを信じるとすれば、奈良時代の政治史の謎が解けると言います。

まず、孝謙が淳仁を廃位に追い込む動きを明確にするのが、その翌年であった理由がわかります。他戸が誕生したことによって、聖武直系の男子ができたわけです。そうなると、淳仁は邪魔な存在であるばかりか、有害でもあります。淳仁の子も皇位継承の候補者になるからです。そのため孝謙は、淳仁を廃位に追い込んだのではないか、ということです。

そして、他戸の生まれた年に道鏡の寵愛を開始した孝謙は、重祚して道鏡を取り立てていきます。河内氏は、「孝謙は、他戸を守護する力を仏教に求めた」のだと推測します。これが正しいかどうかわかりませんが、孝謙が、道鏡を天皇にし、その後、他戸へ譲位させるという道筋を描いたという推測は説得力があります。**実際には、道鏡の天皇擁立は失敗したのですが、孝謙が光仁の擁立を支持した理由もわかります。光仁を中継ぎにし、父聖武の血を引く他戸へ皇位を譲るためだったのです。**

●奈良時代に政争が多かった理由

奈良時代政治史は、政争の歴史です。なぜそうだったのか。それは皇位の行方が不安定だったから、と言うしかありません。

まず、長屋王の変は、聖武の皇統を継続するための謀略でした。これは、長屋王の妃が内親王であるのに対し、聖武の妃、光明子が藤原氏出身だという弱みがあったからです。

藤原広嗣の乱や橘奈良麻呂の乱が起こったのも、政治の不安定、はっきり言えば皇統の行方が不透明だったという事情があるような気がします。

皇統をめぐっては、二つの路線が対立していました。一つは、聖武の娘、孝謙が追求した、あくまで聖武の皇統を続けようとする路線です。もう一つは、淳仁を擁立した藤原仲麻呂が進めた聖武の血統以外から天皇を擁立する路線です。

孝謙の路線は実現の可能性がなかったため、最初は淳仁の擁立で決着がはかられますが、他戸が誕生したことによって、孝謙は父、聖武の皇統継続に希望を見いだします。**これが、恵美押勝の乱、淳仁の廃位、道鏡の天皇擁立という一連の事件の原因でした。**

このように考えてくると、奈良時代の政争には政治的な路線の対立はなく、河内氏が推測するように、聖武の皇統の継続こそが争いの原因だったことがわかります。

Q12 なぜ平安遷都が行われたのか？

―歴史のココをつかむ！―天武《てんむ》系から天智《てんち》系へ皇統が復帰

●桓武《かんむ》天皇が長岡京に遷都した理由

宝亀《ほうき》元年（七七〇）に即位した光仁《こうにん》天皇は、すでに六十二歳になっていました。即位後、光仁は、井上《いのうえ》内親王を皇后に、他戸《おさべ》親王を皇太子とします。これは、女系を通じて皇統を聖武《しょうむ》系で存続させるという意思表示にほかなりません。こうしないと、諸豪族の支持を得られなかったのでしょう。光仁が皇位を継承することが、称《しょう》徳《とく》天皇の遺言だったと伝えられるのも、あながち創作でもないような気がします。しかし、光仁は、中継ぎの立場に安住するつもりはありませんでした。

宝亀三年（七七二）、光仁天皇は、皇后井上内親王と皇太子他戸親王を廃位し、翌年、長男である山部《やまべ》親王を皇太子にしたのです。その後、まもなく井上内親王と他戸親王は殺害されます。これによって称徳天皇の宿願であった聖武系の皇統は最終的に断絶し、それとともに天武系皇統も途絶えます。**光仁の祖父は天智天皇なので、ここに天智系皇統が復活したと言っていいでしょう。**奈良時代は、天武系皇統の時代でしたが、その皇位継承争いの中で、天武の血筋を引く者はほとんど滅びてしまっていたのです。

光仁が選んだのは、百済《くだら》系渡来人和乙継《やまとのおとつぐ》の娘、高野新笠《たかののにいがさ》の産んだ山部親王です。天応《てんおう》元年（七八一）四月、光仁が譲位し、山部が践祚《せんそ》します。これが桓武天皇です。

桓武天皇が即位すると、聖武天皇の娘で最後に残っていた不破《ふわ》内親王とその子の氷上川継《ひかみのかわつぐ》を謀叛《むほん》を起こそうとしたとして流罪に処します。この時代までの皇位争いは、徹底的でした。

その天武系皇統の象徴が平城京です。桓武は、遷都を計画します。新しい都城としてまず選ばれたのが、長岡京です。ここは、宇治、葛野《かどの》、木津の三川が合流する淀《よど》に隣接しており、水運に恵まれていました。確かに場所としてはいいのですが、なぜわざわざ遷都したかを考えると、天武系皇統の都である平城京を捨てたというのが本質だと思います。

ところが延暦《えんりやく》四年（七八五）、長岡京造営の責任者だった藤原式家の藤原種継《たねつぐ》が暗殺されるという事件が起こりました。そして、これに関連して、桓武の同母弟で皇太子に立てられていた早良《さわら》親王も捕らえられました。幽閉された早良は、水を与えられず、衰弱して死んだといいます。

桓武は、藤原良継《よしつぐ》の娘、乙牟漏《おとむろ》との間に生まれた安殿《あて》親王を皇太子とします。この経過から見れば、早良の事件も冤罪《えんざい》と言っていいでしょう。

●平安京遷都へ

●桓武から清和までの略系図

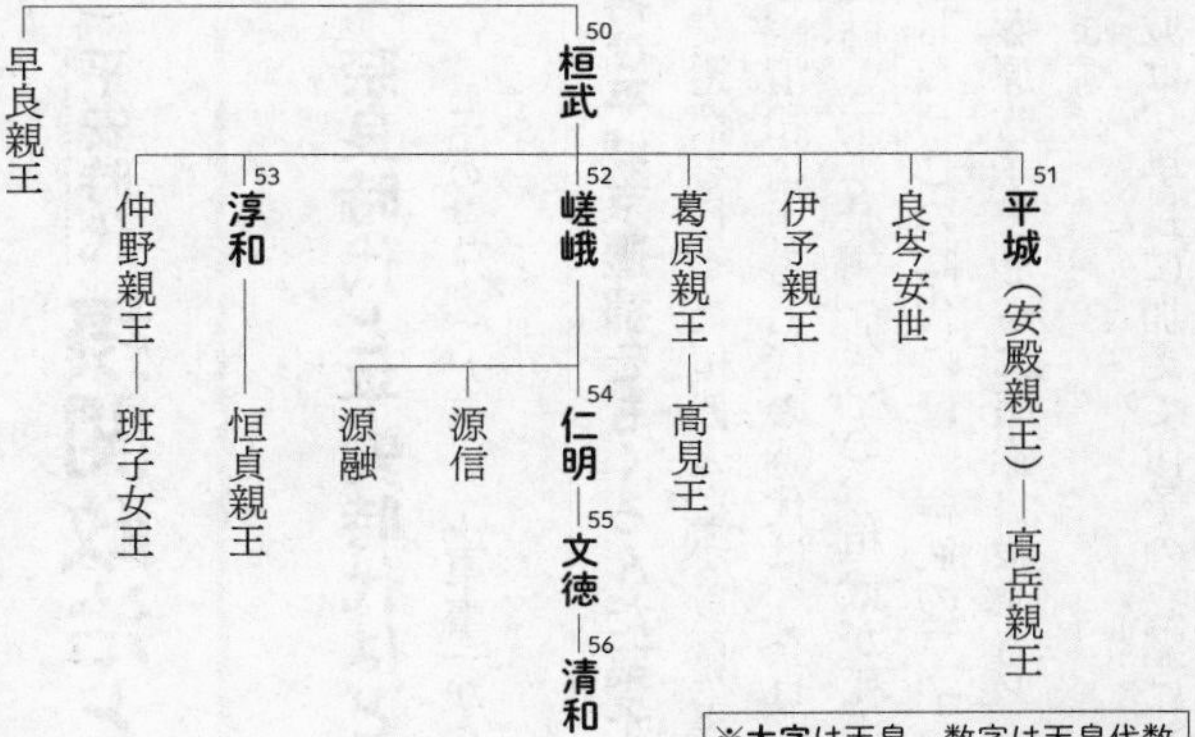

※太字は天皇、数字は天皇代数

種継が暗殺され、その後、桓武の母の高野新笠、皇后の乙牟漏らも亡くなり、安殿親王も病に陥ったため、これが早良の怨霊《おんりょう》のためではないか、という話も出てきました。また、長岡京では洪水も発生しました。

このため桓武は、ついに長岡京造営をあきらめ、葛野郡宇《う》太《だ》村《むら》に新しい都城を建設することにし、延暦十三年（七九四）、遷都します。これが平安京（京都）です。

以後、明治維新後、天皇が東京に移るまで、千年以上にわたって日本の都になります。

三 平安時代 摂関政治と院政

Q13 奈良時代と平安時代はどう違うのか?

――歴史のココをつかむ! ――「軍事」から「土地開発」へ

●再び平城京遷都をもくろんだ薬子《くすこ》の変

平安遷都を行った桓武《かんむ》天皇から百年ほど、天皇にして平城《へいぜい》、嵯峨《さが》、淳和《じゅんな》、仁明《にんみょう》、文徳《もんとく》、清和《せいわ》に至る七代の時代は、奈良時代を引き継いだような政争の歴史でした。

延暦《えんりゃく》二十五年（八〇六）、桓武が死去すると、安殿《あて》親王が践祚《せんそ》し、平城天皇になりました。この時代には、桓武の皇子の一人である伊予《いよ》親王の謀叛《むほん》が発覚し、その母の藤原吉子《よしこ》とともに服毒自殺するという事件がありました。これも冤罪《えんざい》だと考えられます。

平城は、早良《さわら》に加えて伊予の怨霊《おんりょう》にも悩むようになり、同母弟の神野《かみの》親王に譲位します。

神野は即位して嵯峨天皇となり、平城の皇子高岳《たかおか》親王が皇太子となりました。平城は太上天皇となっています。

嵯峨の時代にも、薬子の変というクーデター事件が起こります。

弘仁《こうにん》元年（八一〇）に起きたこの事件は、尚侍《ないしのかみ》で平城太上天皇の愛人だった藤原薬子（藤原種継《たねつぐ》の娘）と、その兄藤原仲成《なかなり》が嵯峨天皇を廃そうとした事件ですが、当然、平城も支持していたと考えられます。

自分から譲位しておいて、再び皇位に就こうとするのは理解しがたいのですが、仲成らが藤原式家の勢力を取り戻そうとしたのは確かでしょう。

平城は、仲成に平城京の改修を命じ、薬子や多くの官僚を連れて平城京に遷《かえ》ります。そして、平城京への還都命令を出すのですが、嵯峨は平安京にいた仲成を逮捕、殺害し、坂上田村麻呂《さかのうえのたむらまろ》らの軍隊に平城を拘束させ、薬子は服毒自殺します。

もし平城が勝利していたら、ここで再び平城京が都となったはずなのですが、嵯峨の措置が迅速だったため、平城もなすすべがありませんでした。この政変は平城の意志が働いていたことが明らかなので、近年は「薬子の変」ではなく「平城上皇の変」と呼ばれることもあります。

こうして、平安京は、都として安定することになったのです。

●律令軍制の放棄と徴税法の変化

平安時代と言えば、「王朝文化」という言葉に代表されるように雅《みや》びなイメージが強いのですが、初期においてはアイヌ民族の居住する東北地方へ征服戦争を行っています。

桓武の時代、朝廷の軍は、北上川中流の胆沢《いさわ》地方の蝦夷《えみし》の族長アテルイと争い、一時大敗を喫します。しかし、坂上田村麻呂が征夷大将軍として派遣され、ついにアテルイを帰順させます。この時代の朝廷は、大規模な遠征ができるだけの軍事力を持っていたのです。

これは、先に述べた律令国家の巨大な軍制の名残《なごり》によるものです。律令国家が、大きなコストを負担してこのような軍事大国を維持していた理由は、仮想敵に唐がいたからです。六六三年に敗北した白村江《はくすきのえ》の敗戦の記憶は、長く続いていました。しかし、延暦十四年（七九五）に防人司《さきもりのつかさ》を廃止したように、八世紀終わり頃には、そのような緊張関係は解けていました。

また、国司《こくし》らは、徴発された兵士を訓練するのではなく、土地の開発などに私的に使っていました。それでは兵士として役に立たないので、軍団兵士制を廃止し、富豪で弓馬の技術に秀でた者を徴発して使うように変化していました。田村麻呂が率いた軍団は、そのようなものだったのでしょう。

律令国家は、戸籍・計帳によって税を徴収していました。しかし、戸籍や計帳を作成するにもコストがかかり、浮浪・逃亡する人民も多いので、なかなか掌握しきれません。軍団兵士制を廃止すると、人民を掌握する戸籍も必要なくなります。

こうして戸籍や計帳を作成する努力は放棄されました。一方、現地では、「田《た》堵《と》」と呼ばれた有力農民が成長していました。田地を集積して大規模な経営を行う富豪層です。

現地に赴任した国司は、税を徴収して中央に納めなければならないので、課税の対象となる田地を「名《みょう》」という徴税単位に分け、税を納入する者の名前をつけました。これが「負名《ふみょう》」です。

こうして税は土地を基本にかけることになり、人民が浮浪しようと逃亡しようと、税はその地から収入をあげている者から徴収するという体制ができあがったのです。いわば実情に合った徴税方式となったわけです（坂上康俊『日本の歴史05律令国家の転換と「日本」』）。

Q14 摂関政治はどのようにして始まったのか?

―歴史のココをつかむ!― 少年天皇の後ろ盾となった藤原北家《ほっけ》

●藤原良房《よしふさ》が事実上の摂政となった

嵯峨《さが》天皇の後、淳和《じゅんな》天皇(桓武《かんむ》と藤原旅子《たびこ》の皇子)が即位し、次に嵯峨の子の仁明《にんみょう》天皇が即位します。その後、恒貞《つねさだ》親王(淳和と嵯峨天皇の娘正子《まさこ》の皇子)が皇太子となり、嵯峨と淳和の皇統が合体することになっていました。

しかし、嵯峨が死去した承和《じょうわ》九年(八四二)、承和の変が起こり、皇太子だった恒貞親王が廃され、仁明の子、道康《みちやす》親王が皇太子に立つことになりました。

この事件は、藤原北家の良房が権力を掌握する契機となりました。別に良房の陰謀というわけではなく、仁明の皇統を確立しようとする事件だったのですが、有力貴族だった伴健岑《とものこわみね》・橘逸勢《たちばなのはやなり》らが没落したため、そうなったのです。

藤原氏は、不比等《ふひと》の息子・四兄弟が南家《なんけ》、北家、式家、京家《きょうけ》の家を立てていました。その中で、北家の冬嗣《ふゆつぐ》の時、嵯峨天皇の信任を受け、皇室と姻戚関係を結びます。承和の変が起こったのは、その子良房の代です。

仁明の後、道康親王が即位して文徳《もんとく》天皇となり、わずか一歳の惟仁《これひと》親王を皇太子とします。文徳は、天安《てんあん》二年（八五八）に三十二歳で没します。九歳の惟仁には、十五歳の異母兄、惟喬《これたか》親王もいましたが、良房は、既定方針通り惟仁を即位させます。これまで天皇は、成人して即位するものでしたが、この時初めて少年の清和《せいわ》天皇が誕生したのです。それを可能にしたのは、貴族社会が安定してきたことを背景に、惟仁がすでに皇太子であったこと、そして良房の後ろ盾があったためでしょう。

文徳時代にすでに太政大臣になっていた良房は、少年天皇に代わって政治をとることになります。それを「摂政になった」とするのですが、『日本三代実録』にはこの時、「摂政」という地位が創設されたという事実はありません。しかし、『公卿補任《くぎょうぶにん》』という職員録は、良房が摂政になったと記載しているので、事実上、摂政となったと考えていいでしょう。

清和の貞観《じょうがん》八年（八六六）には応天門《おうてんもん》の変が起こり、伴善男《とものよしお》や紀夏井《きのなつい》らが犯人として断罪されます。この変の原因などは謎に包まれています。良房の陰謀のように語られることもありますが、必ずしもそうではないようです（米田雄介『藤原摂関家の誕生』）。ただ、結果として伴氏や紀氏が没落し、藤原北家の勢力が確立したということになります。

●天皇を補佐する関白職が始まる

貞観十八年（八七六）、清和は、二十七歳で譲位し、九歳の皇太子、貞明《さだあきら》親王が践祚《せんそ》しました。これが陽成《ようぜい》天皇です。またしても少年の天皇ですので、良房の養子で藤原北家を継いでいた藤原基経《もとつね》が摂政となります。

ところが陽成は、宮中で乳母の子を殴り殺すなどの乱行があり、基経は陽成を譲位させ、仁明天皇の子、時康《ときやす》親王を即位させます。これが光孝《こうこう》天皇で、すでに五十五歳になっていました。

系図を見るとわかりますが、光孝は、仁明─文徳─清和─陽成と続く皇統から見れば傍流でした。そのため、基経にたいへん感謝し、基経に対して、「万政をつかさどり、天皇を補弼《ほひつ》し、百官を指揮するように」という命令を出します。そして、奏上することも下命することも、必ず基経に諮問してから行うようにさせます。まだ「関白」という官職名はありませんが、「関白」職の始まりとされるものです。

●藤原北家と天皇の関係略系図

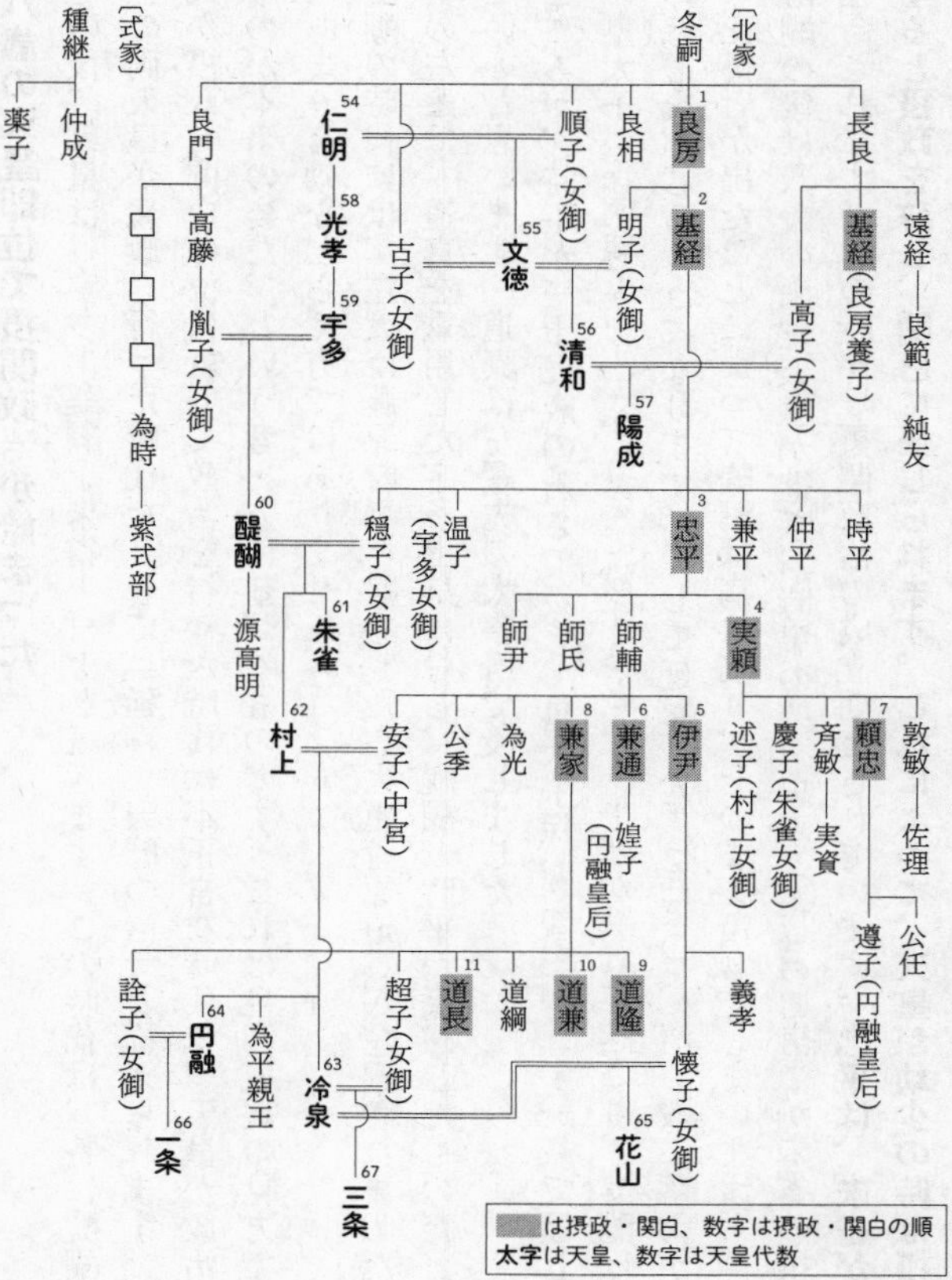

●八歳の天皇即位で摂関政治が始まった

その後、天皇は、宇多《うだ》―醍醐《だいご》―朱雀《すざく》―村上と続きます。この時代は、特に醍醐・村上の両天皇が親政を行った時代だとして「延喜《えんぎ》・天暦《てんりゃく》の治《ち》」と称《たた》えられます。藤原氏が摂政・関白の位に就いて政治を行った時代は不正常な時代で、天皇が政治を行うのが本来の姿だ、という考え方に基づくものです。これは皇国史観の見方ですが、あまり有効なとらえ方ではありません。

醍醐の時代には、左大臣《さだいじん》藤原時平《ときひら》と対立した右大臣《うだいじん》菅原道真《みちざね》が左遷されました。道真の左遷は、道真を重用した宇多上皇に対し、醍醐と時平が反撃したものだと言っていいと思います。道真は左遷先の太宰府で没しました。

ところが、時平が三十九歳の若さで没し、皇太子保明《やすあきら》親王が二十一歳で没し、次の皇太子（保明親王の子）が五歳で没するという事態が続けて起こり、醍醐は道真の怨霊《おんりょう》を信じるようになります。そして延長《えんちょう》八年（九三〇）、清涼殿に落雷があり、死傷者が出たことによって醍醐は病に陥り、そのまま没してしまいます。

醍醐の後は八歳の朱雀天皇が継ぎ、時平の弟、忠平《ただひら》（基経の四男）が朱雀の摂政に任命されます。この時が、摂関政治の成立期とされています。**忠平は、朱雀が元服すると摂政を辞し、関白に任じられます。これによって、天皇が幼少の時は摂政**

を置き、成人すると関白に任じるということになったのです。

ちなみに、桓武の子孫で東国に根をおろした平将門《まさかど》が反乱を起こすのは、朱雀の時代です。

天慶《てんぎょう》二年（九三九）、将門は、常陸《ひたち》・下野《しもつけ》・上野《こうずけ》の国府を攻め落とし、新皇と自称します。これは朱雀になかなか子ができず、皇太子が空位であるという中で起こった事件です。地方の乱れは、中央政局の混迷と連動していたと言えるでしょう。将門の乱や藤原純友《すみとも》の乱などの地方の反乱の鎮圧を、中央で指揮したのが忠平です。

朱雀の後は、弟の成明《なりあきら》親王が即位して村上天皇になります。村上は、忠平の死後、藤原実頼《さねより》（左大臣）・同師輔《もろすけ》（右大臣）の補弼《ほひつ》を受けて政治を行いますが、関白は置きませんでした。

次に村上と藤原安子《あんし》（師輔の娘）の間にできた憲平《のりひら》親王が即位して冷泉《れいぜい》天皇になります。実頼が関白に任命されましたが、外戚となった師輔の方に権勢がありました。関白の地位よりも外戚の立場の方が重要だったのです。

安和《あんな》の変は、「狂乱の君」だったとされる冷泉の後継者問題をめぐって起こったもので、必ずしも藤原氏の陰謀とは言えません。この変の後、冷泉が退位し、弟で十一歳の円融《えんゆう》天皇が即位しました。このため実頼が摂政となります。

幼少な天皇の即位と、それぞれが藤原氏を外戚とするという濃密な血縁関係の中で、この後は摂政・関白がほぼ常置される時代となり、その地位をめぐって藤原北家の中で熾烈な争いが行われるようになります。

Q15 武士はどのようにして生まれたのか?

一歴史のココをつかむ!一 中央から下った中・下級貴族の生き残り作戦

●地方支配を任された受領《ずりょう》

平安時代の地方行政は、中・下級貴族が任じられる国司《こくし》が行っていました。国司は、この頃から「受領」と呼ばれるようになります。

受領は、任国に下った国司の最上席者のことです。普通は守《かみ》(国守)の名称ですが、交替の時、その国の財産などを前任者から受け取ることから「受領」と呼ばれたのです。

受領は、任国の行政を行い、政府にその国の税を納める義務がありました。「名《みょう》」を経営する負名《ふみょう》たちから確実に税を徴収するためには、武力が必要です。そのため、自ら武装し、家《いえ》の子《こ》、郎党《ろうとう》らを率いて任国に下り、現地の有力豪族が任じられている郡司や開発領主などを国司の役所である「国衙《こくが》」の武力として使って地方の支配を行ったのです。

受領は、政府から任命された官僚なので、任期が終わると、京都に帰らなければなりません。

任国を離れた受領は、再び受領に任命されて次の任国に行ければいいのですが、候補者はたくさんおり、それがかなうかどうかわかりません。

そのため、**いったん支配した任国に土着し、武力を背景に、新しく赴任してきた受領に徴税を請け負うことで、その地域に支配力を及ぼす方が確実だと考える者も出てきました。**それは、新しく赴任した受領にとっても、簡単に徴税できるのでありがたいことでした。

土着した受領やその子弟たちは、国衙の掾《じょう》（三等官）や目《さかん》（四等官）などの「在《ざい》庁官人《ちょうかんじん》」となって次第に地方に盤踞《ばんきょ》するようになります。これが武士の誕生です。

●武士化した下級貴族の本音

九世紀末から十世紀にかけて、地方政治に大きな変化がありました。東国で群盗が蜂起するなど、政府の統制に反抗する勢力が拡大していったのです。この群盗は、実は、調《ちょう》や庸《よう》などの税を政府に運送する富豪層だったとされています。瀬戸内海に横行した海賊も、同様に調や庸を政府に運送する途中で税を横領した者たちでした。

こうした群盗に対し、政府は、受領の軍事動員の権限を強化しました。また、群盗を追捕《ついぶ》する役職として、国ごとに押領使《おうりょうし》を任命しました。押領使は、受領の指揮下で、その国の開発領主や武装した富豪層を動員して反乱を鎮圧することが任務でした。

押領使には、中央の武官を務める下級貴族や地方に土着して武士化していた下級貴族が任命されました。押領使たちは、群盗を鎮圧することで恩賞を得、中央の官職に就いて貴族社会に復帰することをめざしていましたが、そうなることができるのはごく一握りで、多くはそのまま押領使や在庁官人となって、現地に残りました(下向井龍彦『日本の歴史07武士の成長と院政』)。

かつては、武士は、九世紀末から十世紀にかけて、地方豪族や有力農民が開発し

●受領の徴税のしくみ

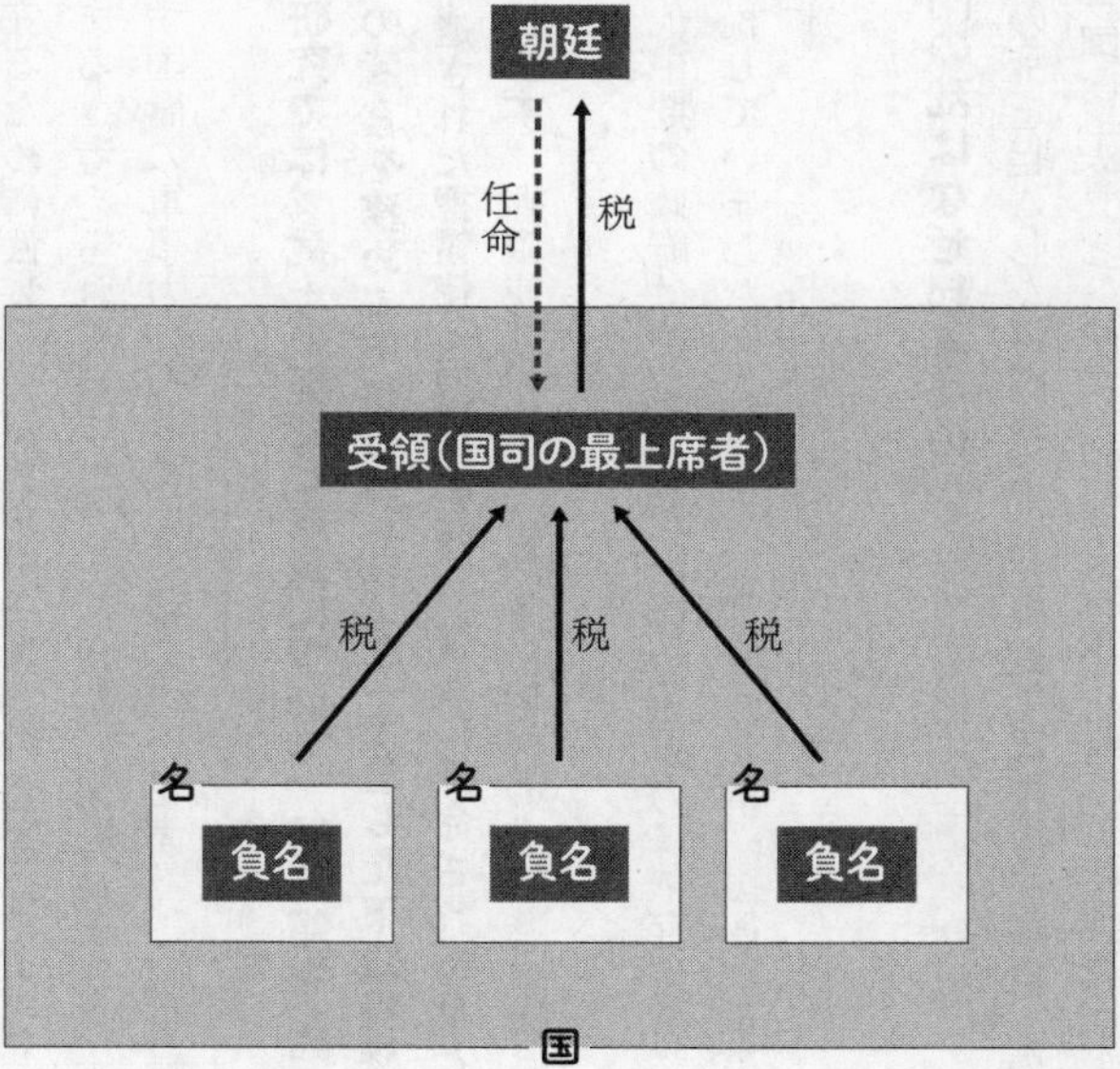

※日本の律令制において、国司（受領）が政治を
行っていた役所を国衙といい、国衙などの
施設を集めた地域を国府、国衙の中心を国庁（政庁）と呼んだ。

た領地を守るために武装し、領地を中央貴族の荘園にすることによって税を逃れたことに始まると考えられてきました。しかし、開発領主が武士として成長する過程では、まず国衙《こくが》の軍事力になって力を蓄えています。これを無視することはできません。

現在の研究では、武士の誕生と成長について、開発領主が国衙の軍事力になったり、中央の武官を務める下級貴族や地方に土着した下級貴族が、押領使や追捕使《ついぶし》（西国に派遣された押領使と同様の官職）などに任命されたりといった公的な側面を重視しています。押領使は、後に述べる平将門《まさかど》の乱以降常置され、国衙の軍事力となりました。

平安時代中期の政府は、こうした国衙の軍事力に依存することによって、治安を維持し徴税していました。逆に言えば武士たちは、国衙の軍事力として成長していったのです。

●平将門の乱はなぜ起きたのか

平将門の乱を起こした将門の父は、桓武《かんむ》平氏の祖、高望王《たかもちおう》の次男良持《よしもち》です。良持は、下総国《しもうさのくに》に土着しており、鎮守府将軍になって陸奥国《むつのくに》胆沢城《いさわじょう》に赴任しました。

その兄の国香《くにか》は、常陸国《ひたちのくに》に土着して在庁官人である常陸大掾《だいじょう》になっています。

このように、皇族から臣籍降下した子孫たちが地方に下り、土着して国衙の役人になっていました。皇族と言えば高貴な身分のようですが、天皇の子女は多く、臣籍に下った子孫の代になると、中央で出世することはかなわない下級貴族にすぎませんでした。

桓武天皇の血を引く将門も、若い頃、関白藤原忠平《ただひら》の家人《けにん》となっています。父の死後、下総国に帰り、父の遺領を経営したようです。承平《じょうへい》五年（九三五）二月、将門は、対立していた伯父国香や源護《まもる》らと合戦し、国香や護の子どもたちを殺害します。これが、将門の乱のそもそもの発端でした。最初は、一族内部の私闘だったのです。

将門自身は、何の官職にも就いていませんが、家人を率いてこうした合戦ができる実力を持っていました。その基盤は父が鎮守府将軍として拡大してきた領地だったのでしょう。将門はまだ武士ではなく「兵《つわもの》」だとされることもありますが、こうした出自《しゅつじ》を見れば、まぎれもない武士でした。

将門は、上野《こうずけ》国庁で「新皇」に即位します。これに対して、国香の子である常陸掾平貞盛《さだもり》、貞盛の叔父の下野《しもつけ》掾藤原秀郷《ひでさと》らが押領使に任命され、将門の乱鎮圧に向かいます。そして下野国で、貞盛が将門を射殺し、乱を鎮圧しました。平貞盛も藤原秀郷も在庁官人であり、それを基盤に武力を蓄えていた武士でした。

藤原純友《すみとも》の乱を起こした純友は、摂関家の傍流に生まれました。父・良範《よしのり》が大宰少弐《だざいのしように》になったことから、大宰府で武芸の鍛錬に励んでいたと推測されています。純友は、六位の伊予《いよ》掾となり、海賊追捕の功績をあげましたが、それほどの恩賞はありませんでした。そのため純友は、伊予に土着し、海賊たちを配下にするようになりました。

純友の乱の原因も、現地の武士同士の争いで、それに海賊追捕に功績があったのに恩賞がなかった不満が加わったものでした。純友は、最初、伊予・讃岐《さぬき》・阿波《あわ》を征圧し、大宰府を占領するなど政府軍に対して互角の戦いを繰り広げますが、総追捕使の小野好古《よしふる》が率いる源経基《つねもと》らの政府軍に敗れ、捕らえられて首を斬られます。

反乱を起こした将門や純友も、もとは下級貴族が土着した者たちで、押領使や追捕使として派遣された者たちも下級貴族です。武士誕生の頃の数々の物語は、武士がどこから生まれたかを雄弁に物語っている、と言うことができます。

●武士にとって武名こそすべて

今でも各所で行われている流鏑馬《やぶさめ》を見てもわかるように、武士は巧みに馬に乗り、馬上から弓を射ることができる高度な職能人でもありました。これは、武士の家の家業として、代々受け継がれていくことになります。「兵《つわもの》の道」という武士の倫理を「弓馬の道」とも言うのはそのためです。

押領使や追捕使に任じられて反乱を鎮圧するのが、武士となった下級貴族たちの役目の一つでした。つまり、国家の軍事力として合戦に従事し、勲功を上げ、恩賞を受けることを目的としていたのです。将門や純友のように反乱を起こしても、恩賞目当てで政府軍に加わってくるこうした者たちに、結局は滅ぼされることになったのです。

武士たちは、皇族や摂関家の家来となり、彼らの身辺警護にもあたりました。武士を「侍《さむらい》」と言うのは、皇族や摂関家などの貴人に「侍《さぶ》らふ」（側に仕える）ことから出ています。

いわばボディーガードですから、それほど高い地位ではありません。しかし、そうした任務を果たすことによって、蔵人《くろうど》や衛門尉《えもんのじょう》や検非違使《けびいし》などの中央の官職に任じられることにもなったのです。

このような官職を長く務め、五位に叙せられると、ようやく受領になる資格が得られます。資格を得た武士は、自薦書を提出し、認められると受領として任地に赴任することになります。

受領を決めるのは政府の公卿《くぎょう》たちですので、彼らは公卿たちには頭があがりません。任地に下ると蓄財に励みますが、そのうちの多くの部分は自分を推薦してくれた公卿に貢ぎ物として提出します。そうして任期が終わった後も、次の任国に行くことをもくろんだのです。ただし、貢ぎ物をするだけでは駄目でした。請け負った四年分の税をすべて納め、完済証明を得なければ、次の任地には行けません。

平安時代の税制は、受領を介して地方の富を中央に吸い上げるものだったのです。

●前九年の役《えき》と後三年の役の真相

武士の成長にとって重要な戦いが、前九年の役と後三年の役です。

前九年の役は、陸奥国《むつのくに》奥六郡（胆沢《いさわ》・江刺《えさし》・和賀《わが》・稗貫《ひえぬき》・斯波《しば》・岩手）郡司の俘《ふ》囚《しゅう》（帰属した蝦夷《えみし》）の長、安倍頼時《よりとき》とその長男貞任《さだとう》に対して、陸奥守で鎮守府将軍も兼ねた源頼義《よりよし》が仕掛けた戦いです。

●前九年・後三年の役の関係図

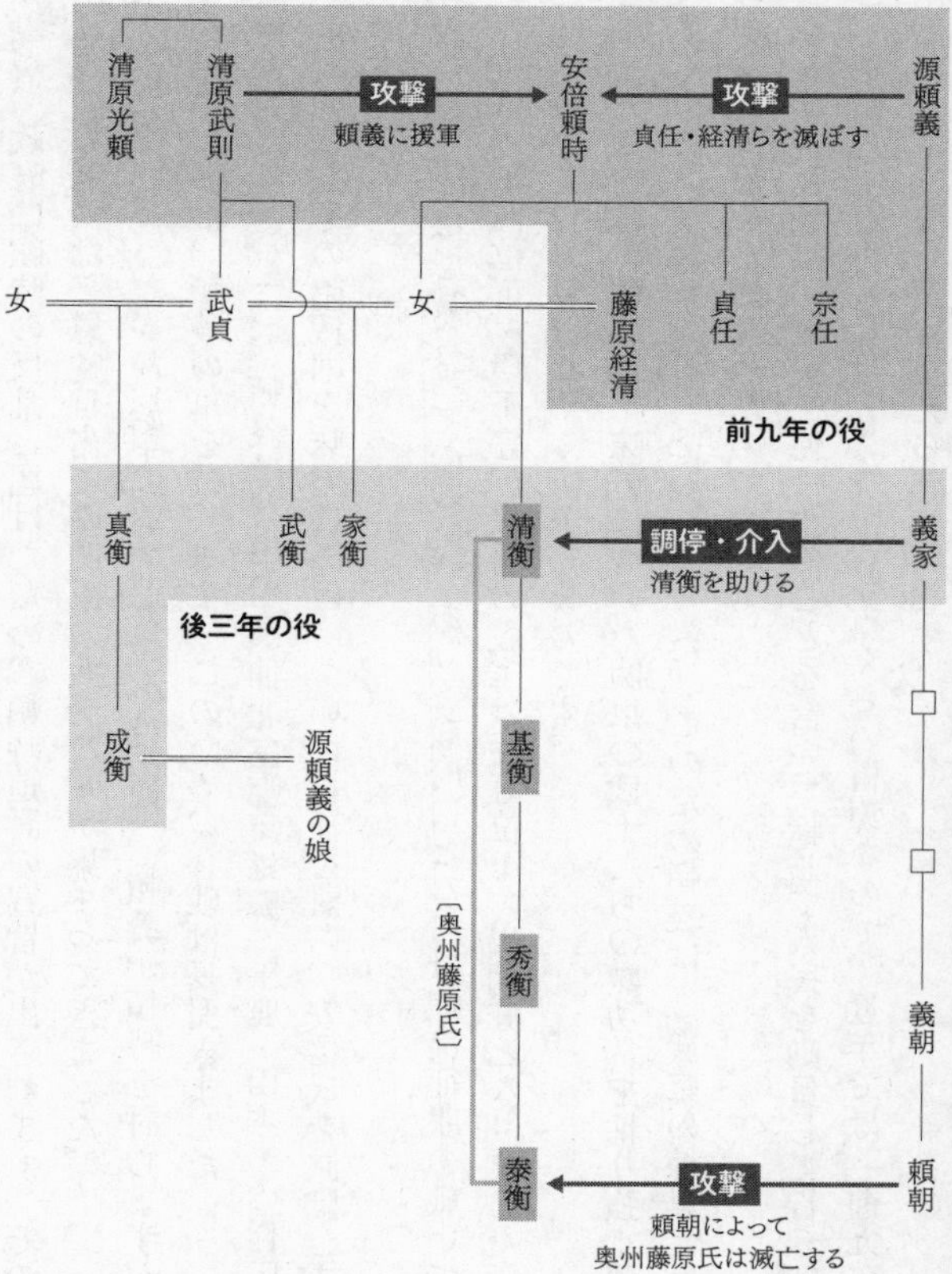

清原光頼
清原武則
攻撃
頼義に援軍
安倍頼時
攻撃
貞任・経清らを滅ぼす
源頼義
女
武貞
女
藤原経清
貞任
宗任
前九年の役
真衡
武衡
家衡
清衡
調停・介入
清衡を助ける
義家
後三年の役
成衡
源頼義の娘
基衡
秀衡
〔奥州藤原氏〕
泰衡
義朝
攻撃
頼朝によって
奥州藤原氏は滅亡する
頼朝

頼義が、政府に頼時の反乱と届けたため、頼時追討の宣旨《せんじ》が出されます。そのため、頼義のもとには、恩賞目当ての関東の武士たちが集まってきました。

永承《えいしょう》六年（一〇五一）に始まった前九年の役では、頼義が頼時を討ちますが、その長男の貞任は、頼義の軍を破ります。このため、合戦は長引きました。

康平《こうへい》五年（一〇六二）、頼義は、出羽国仙北三郡《でわのくにせんぼく》（雄勝《おがち》・平鹿《ひらか》・山本）の俘囚の長、清原光頼《みつより》とその弟武則《たけのり》を味方につけ、ついに貞任を討ち、安倍氏を滅ぼしました。

頼義にとっては恩賞目当ての戦いであり、政府にとっては蝦夷征服の戦いでした。頼義は、正四位下・伊予守、長男の義家は従五位下・出羽守となりました。これだけの戦いをして、ようやく伊予守なのです。

しかし、この時、頼義は、味方についた関東の武士たちの勲功賞を粘り強く請求し、多くの者に恩賞を獲得してやりました。このため頼義は、「武家の棟梁《とうりょう》」としての声望を得ることになったのです。

ちなみに「役《えき》」は、人民を使役することを言い、転じて人民を動員して行う戦争のことを言うようになりました。少し古くさい言葉なので、近年では「前九年合戦」というような用語に換えられています。

後三年の役は、陸奥守源義家が、前九年の役で陸奥国奥六郡・出羽国仙北三郡の支配者となった清原武則の子武衡《たけひら》と孫家衡《いえひら》を討った戦いです。これは私合戦とされ、恩賞は出ませんでした。

このため、義家の武士の棟梁としての勢力は弱まりました。一方、義家が味方した藤原清衡《きよひら》（安倍頼時の孫）は、出羽奥羽押領使《おう》にも任命され、清原氏の遺領を受け継ぎます。清衡に始まる奥州《おうしゅう》藤原氏は、以後、基衡《もとひら》、秀衡《ひでひら》の三代にわたって繁栄します。ちなみに、世界遺産の平泉の中尊寺を建立したのは、この清衡です。

Q16 荘園はどのようにして誕生したのか？

―歴史のココをつかむ！― 耕地拡大と脱税の思惑

●初期荘園はこうして成立した

律令国家は公地公民制を原則としていましたが、耕地を拡大するため、三世一身《さんぜいっしん》の法、次いで墾田《こんでん》永年私財法を発布し、開墾した土地の私有を認めました。このため、貴族や大寺社、地方豪族が開墾を行って、私有地としました。これを「初期荘園」と言います。

十一世紀になると、地方に土着した国司《こくし》の子孫や開発領主となって武士化した有力農民が、税を逃れるため、所領を中央の権力者に寄進し、自分は預所《あずかりどころ》や下司《げし》などの荘官《しょうかん》になるようになります。こうして成立したのが「寄進地系荘園」です。

寄進された権力者がさらに上級者に寄進すると、寄進した者を領家、寄進された上級者を本家と言います。領家と本家のうち、より大きな影響力を持つ者を本所《ほんじょ》と言いました。ほとんどの本家が本所なので、本所、領家と言う場合もあります。

荘園は、税を逃れるために寄進するものですから、荘園が増えると、国衙《こくが》の収入は減ります。

律令制では、貴族たちに、位階や官職に応じて封戸《ふこ》・田地・禄《ろく》などの給与を与えていました。摂関政治の時代までは、こうした体制がなんとか維持されていますが、荘園からの収入も馬鹿にならなくなります。

十一世紀後半には、公地公民の原則が崩れ、全国に荘園が成立していきます。それを押しとどめるため、荘園整理令が出されますが、次第に形骸化《けいがいか》していきます。

●上級貴族に与えられた知行国《ちぎょうこく》とは？

中央政府の財政を支えたのは、受領《ずりょう》たちです。受領の希望者が多かったのは、中央に税を納めてもなお多くの自分の取り分があり、裕福になったからです。

しかし、十一世紀後半になると、受領から送られる税収が減り、律令で定められた封戸などの収入が不安定になります。そうなると、**貴族たちだけでなく、皇族や摂関家、大寺社などはその収入を補うため、積極的に寄進を受け、荘園の拡大を図るようになります。**

摂関政治の全盛期である藤原道長《みちなが》の時代には、「天下の地、悉《ことごと》く一の家の領となり」とまで言われています。しかし、道長の収入の主な部分はまだ国家から与えられる給与だったと考えられています。荘園が広がったと言っても、すべての土地が荘園になったわけではなく、公領も受領によって維持されていたからです。

この頃から、知行国という制度ができます。これは、摂関家などの上級貴族に、有名無実化した封戸からの収入を補塡するため、一国の支配権を権利として与え、その国の公領からの収益を取得させるものです。知行国と言っても、一国すべての収益を得られるわけではなく、国の中には公領に含まれない荘園もありました。

知行国主となった上級貴族は、子弟や近親者を国守に任じ、現地には目代《もくだい》を派遣して、その国の支配を行います。院政期になると、上皇自身が知行国主となる院分《いんぶん》国《こく》も設定されるようになり、院政を支える経済基盤となりました。上皇は、天皇家の家長です。それまで天皇は国家そのものでしたが、こうなると、天皇家が私有財産を持つ一つの家となったと言うこともできます。

この「知行」という言葉は、武士の領地を示すものとして江戸時代まで残ります。なぜ領地ではなく知行と言うかといえば、武士の権利が領地の所有ではなく、領地から年貢を徴収する権利だったからです。

かつては、摂関政治の時代以降を「荘園制」と言っていましたが、現在では、公領が維持されていることを考慮して、「荘園公領制」と言っています。ただし、知行国の制度は、公領を上皇や摂関家など有力者の私有財産にするものでした。その意味では、この時代の公領は、荘園と性格は似たようなものだったと言うことができます。

●土地制度の主な流れ（改新の詔から身分統制令まで）

改新の詔 646年	公地公民制 すべての土地は国（天皇）のもの
↓	
大宝律令 701年	班田収授法 6歳以上の男女に田を貸し、税をとる
↓	
三世一身法 723年	期限付土地所有 開墾地を一定期間（三世代まで）所有できる
↓	
墾田永年私財法 743年	無期限土地所有 開墾した土地は本人のもの（貴族・寺社）
↓	
8〜9世紀	初期荘園（自墾地系荘園）
↓	
11世紀	寄進地系荘園
↓	
11世紀後半	荘園整理令、知行国の制度ができる
↓	
守護・地頭の設置 1185年	御家人を守護・地頭に任命 武士（開発領主）の土地所有権を保証
↓	
刀狩令 1588年 ＋ **人掃令《ひとばらい》（身分統制令）** 1591年	兵農分離 一地一作人制の確立

Q17 藤原道長《みちなが》はなぜ関白にならなかったのか？

―歴史のココをつかむ！― 政務を総裁できる地位で天皇をサポート

●藤原氏の内部争いも道長で終わる

これまでの経過の中で藤原北家《ほっけ》、特に基経《もとつね》の子忠平《ただひら》の系統が摂政・関白となる時代が続き、師輔《もろすけ》の系統（九条流）が摂関家として公家《くげ》の最高の家柄となりました。

しかし、それも簡単に定着したわけではありません。摂関家の内部では摂政・関白の地位をめぐって藤原忠平の子や孫の間に争いが続き、『蜻蛉日記《かげろうにっき》』を書いた右大将道綱《みちつな》の母の夫である藤原兼家《かねいえ》が勝利します。その後も兼家の子や孫の間で争いがあり、十世紀末の藤原道長の時代にようやく安定します。

道長は、四人の娘を中宮（皇后）や皇太子妃とし、三十年の間、権力の座にありました。道長の子頼通《よりみち》も、後一条《ごいちじょう》・後朱雀《ごすざく》・後冷泉《ごれいぜい》の三天皇五十年にわたって摂政・関白を務めます。これらの天皇は、いずれも道長の外孫です。道長・頼通父子の栄華は、八十年も続きました。

日本が世界に誇る文学である『源氏物語』は、道長の長女で一条天皇の中宮となった彰子《しょうし》に仕えた紫式部によって書かれます。保立《ほたて》道久氏は、この小説が、「紫の上」的存在の彰子と彰子が引き取った藤原定子《ていし》（一条天皇の皇后）の忘れ形見、敦《あつ》康《やす》親王を中心としたこの時期の後宮の雰囲気を反映しているのではないか、と推測しています（『平安王朝』）。

ちなみに、定子は道長の兄藤原道隆《みちたか》の娘で、『枕草子』を書いた清少納言は定子に仕えていました。そのほか、「女御《にょうご》、更衣《こうい》あまたさぶらひける」桐壺帝《きりつぼてい》のモデルは醍醐天皇、光源氏のモデルは『伊勢物語』を書いた在原業平《ありわらのなりひら》だと言われています。

●藤原道長時代の朝廷

摂関政治の最盛期とされる藤原道長は、後一条天皇が即位した時、摂政にはなりますが、関白にはなっていません。関白就任を求められながら、ずっと左大臣《さだいじん》のままで政務を行ったのです。その理由について、大津透氏は、道長が「一上《いちのかみ》の事」を手放したくなかったからだと推測しています（『日本の歴史06道長と宮廷社会』）。

一上とは、筆頭の上卿《しょうけい》のことで、通常、左大臣が務めます。ところが、左大臣が関白になると、右大臣《うだいじん》が一上となり、関白は一上の職能を行わなくなります。また太政大臣も一上の事を行いません。道長は、当時の内閣にあたる太政官《だいじょうかん》（左右内大臣・大納言・中納言・参議で構成）で政務を総裁する最高官である左大臣に止まり、公卿《くぎょう》を統括指揮して政治を運営し続けたのです。

上卿として政務を主宰するには、先例を知り、的確に指示をするなど、かなりの政務処理能力が必要で、無能な者には務めることが困難でした。道長が摂政になった時、右大臣は藤原公季《きんすえ》、内大臣は藤原顕光《あきみつ》でしたが、どちらも家柄だけで大臣になったため、失態が多かったということです。そのため道長は、摂政になって一上の事を務めることができなくなった時、当日出席した大納言に上卿を務めさせることにしました。

また、道長の異母兄である藤原道綱《みちつな》も無能だったと言います。彼は道長に、大納言を二十年も務めたので一、二カ月でいいから大臣にしてくれと懇願し、道長も苦慮したということです。『蜻蛉日記』のような優れた日記を書いた母を持つ道綱でしたが、本人はあまり優秀ではなかったようです。

摂関政治の時代は、藤原氏が摂政・関白の官職に就いて政治を壟断《ろうだん》した時代だとイメージされるのですが、実際は太政官で公卿たちによって政治が遂行されていたのです。道長ら摂関家の者たちが、政治を壟断《ろうだん》していたというイメージは、天皇が

●天皇家と藤原氏の関係略系図

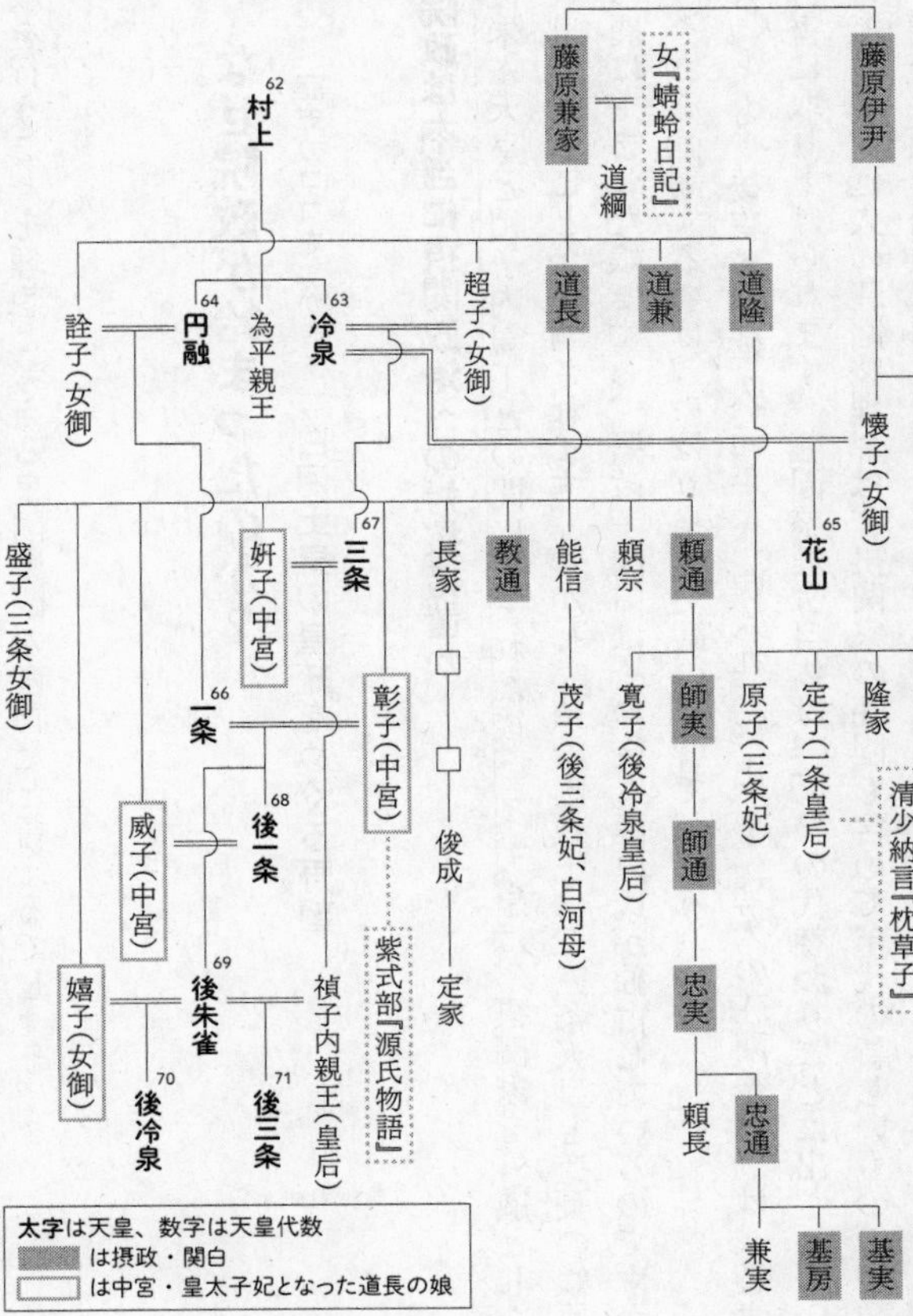

親政を行うことを理想と考える皇国史観の産物だと言えるでしょう。

Q18 なぜ院政が始まったのか?

―歴史のココをつかむ!― 白河上皇の皇統をめぐる野望

●院政は本当に摂関政治への対抗措置か

後朱雀《ごすざく》天皇と禎子《よしこ》内親王との間に生まれた後三条《ごさんじょう》天皇は、摂関家を外戚としない天皇であることが強調されます。しかし、禎子内親王は、三条天皇と道長《みちなが》の娘妍子《けんし》の間に生まれた娘ですし、摂政・関白はその後も藤原氏が独占しているのですから、それを強調するのは、やはり皇国史観の影響でしょう。

もっとも、後三条が延久《えんきゅう》元年(一〇六九)に出した延久の荘園整理令は、必ず教科書に取り上げられます。荘園整理令自体は、天皇の代替わりごとに出されていたのですが、延久の荘園整理令は、摂関家の荘園も含めて年代の新しいものや書類が不備な荘園を公領に編入したことで、特筆されるものだったからです。

後三条は、東宮大夫《とうぐうだいぶ》藤原能信《よしのぶ》の養女（藤原茂子《しげこ》）との間にもうけた長男貞仁《さだひと》親王を皇太子としますが、その後に妻とした小一条院（敦明《あつあきら》親王）の孫娘基子《もとこ》との間にできた実仁《さねひと》親王をいずれ天皇にしたいと考えていました。そのため、自分は譲位して上皇となり、貞仁親王を天皇（白河天皇）とし、実仁を皇太弟としたのです。

白河天皇は、自らの皇統を続けるため、後三条上皇が没しても実仁に皇位を譲りませんでした。そして、応徳《おうとく》二年（一〇八五）、実仁が疱瘡《ほうそう》にかかって没すると、白河天皇は第二皇子で八歳の善仁《たるひと》親王に譲位し、堀河《ほりかわ》天皇が誕生します。この時、白河は、皇太子を定めませんでした。これは、実仁の同母弟の輔仁《すけひと》親王に皇位を渡さないという含みがありました。つまり白河は、上皇になることで、皇統が自分から堀河、そして堀河の子と受け継がれていくことをめざしたのです。

白河上皇は、院政を始めた上皇です。院政は、摂関政治を排除するためではなく、白河が自らの子孫に皇統を伝えるために始めたもので、これまでも述べてきた皇統継続のための動きにほかならないのです。

●白河上皇というスキャンダラスな人物

白河上皇は、自分の自由にならないものは「賀茂川の水　双六《すごろく》のサイ　比叡山の山法師《ほうし》」だと言ったということで有名です。このような傲慢な言葉を口にするのは、往々にして自分に何か欠けたものがあるからです。白河上皇は、母親の出自《しゅつじ》がそれほど高くなかったことがずっとアキレス腱になっていたと思われます。

しかし、ともかく自分の子を天皇とし、自らの皇統を続ける道をつけました。それをさらに確実にするため、康和《こうわ》五年（一一〇三）に生まれた堀河天皇の第一皇子宗仁《むねひと》親王を皇太子としました。

嘉承《かしょう》二年（一一〇七）、堀河天皇が没します。白河は、五歳の宗仁を即位させました（鳥羽天皇）。誤算ではあったでしょうが、鳥羽の成長を見届け、その子を皇太子とすれば、白河皇統はさらに盤石となります。

ところが白河は、引き取っていた藤原（閑院流《かんいんりゅう》、兼家の弟公季《きんすえ》の系統）公実《きんざね》の娘璋子《しょうし》が十三歳となった時、手をつけてしまいます。それにもかかわらず白河は、璋子が十七歳になった時、鳥羽天皇に入内《じゅだい》させました。さすがにこれは、当時の貴族たちの間でも評判が悪い行動でした。こうしたスキャンダラスなりゆきですので、故渡辺淳一氏が、白河、鳥羽、璋子の関係について『天上紅蓮《てんじょうぐれん》』という小説を書いています。

璋子が鳥羽に入内してからも、白河と璋子との関係は続きました。鳥羽の第一皇

●天皇の略系図（一条から後鳥羽まで）

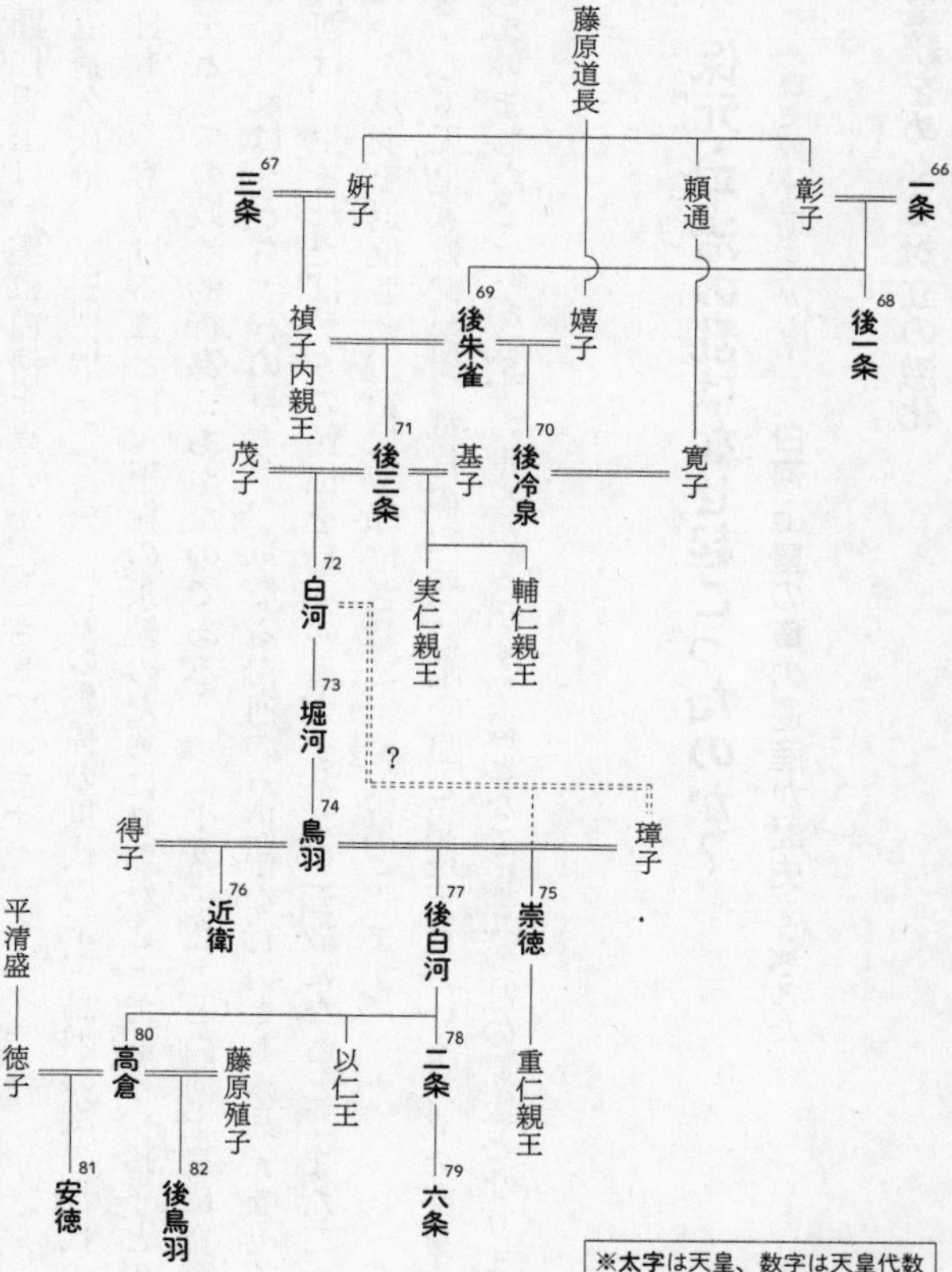

※太字は天皇、数字は天皇代数

子の顕仁《あきひと》親王は、実は白河上皇の子だとされています。

保立《ほたて》道久氏は、「白河にとっては、自分の曾孫の世代の王、鳥羽の次の世代の王を一日も早くもうけることは、王統の永続のために必要なことであり、璋子との関係は王としての政治的行為であったのであろう」（『平安王朝』）と白河上皇に寛容ですが、それはうがちすぎの見方で、単なる白河の不道徳な行為としか思えません。白河は、生まれたばかりの顕仁を鳥羽の皇太子とし、五歳になると、まだ二十一歳だった鳥羽を退位させ、顕仁を即位させて崇徳《すとく》天皇とします。

こうして天皇家は、白河の乱行のため、鳥羽上皇と崇徳天皇という対立の芽を生んでしまいました。これが武士の世を生み出す契機となる保元《ほうげん》の乱の原因となります。

Q19 保元《ほうげん》・平治《へいじ》の乱はなぜ起こったのか？

―歴史のココをつかむ！―白河上皇の負の遺産が歴史を変えた

●皇統をめぐる対立の激化

保元・平治の乱は、武士の実力がはっきりと認識され、平氏政権、そして鎌倉幕府と、以後の武家政権を生むきっかけになった事件でした。この二つの乱は、どうして起こったのでしょうか。その要因は、前節で述べたように白河上皇の乱行にありました。

大治《だいじ》四年（一一二九）、白河は、七十七歳で没します。白河が生きているうちは何の反抗もできなかった鳥羽上皇ですが、ここにようやく院政を行う条件ができました。

鳥羽は、美福門院得子《びふくもんいんなりこ》との間に八男体仁《なりひと》親王が生まれると、生後八カ月で崇徳《すとく》の皇太子とします。そして二年後、崇徳に譲位を強要し、体仁を即位させました。近衛《このえ》天皇です。

崇徳は上皇になりますが、何の実権も持ちません。本来は白河直系の天皇のはずですが、鳥羽皇統のもとでは傍流の立場になります。このため鳥羽上皇への反感を抱くようになりました。

久寿《きゅうじゅ》二年（一一五五）、近衛が、十七歳で没します。後継の天皇の主な候補者は、崇徳の子の重仁《しげひと》親王、鳥羽の四男雅仁《まさひと》親王、雅仁の子守仁《もりひと》親王の三人でした。鳥羽は、守仁を即位させたかったようですが、父を飛び越えて即位させるのは問題があり、雅仁を即位させます。これが後白河天皇です。親王のままで終わる立場でした。後白河も、近衛が子をもうけていたとしたら、歴史の表舞台で活躍していません。こうした本来直系ではない天皇が、歴史の表舞台で活躍しています。不満があるから権力への意思が生まれ、歴史を動かす傾向にある、ということでしょうか。

●保元の乱と平治の乱の勃発

保元元年（一一五六）七月二日、鳥羽が五十四歳で死去します。すると、崇徳は、源為義《ためよし》・為朝《ためとも》父子らの武士を使って、白河上皇の院御所だった白河殿を占拠します。

河内祥輔《こうちしょうすけ》氏は、この行動を、白河上皇の地位を継ぐ者としての自己主張だったと推測しています（『保元の乱・平治の乱』）。

摂関家の藤原忠実《ただざね》と左大臣《さだいじん》藤原頼長《よりなが》父子がこれに従いました。頼長は、兄の関白藤原忠通《ただみち》と対立しており、崇徳に付いて、自らの立場を強化しようとしたのです。

後白河には、関白忠通や近臣の信西《しんぜい》（藤原通憲《みちのり》）が付きました。上皇と天皇の対立が、関白家の内紛と結びついたのです。

後白河に動員された平清盛《きよもり》や源義朝《よしとも》らの武士は、崇徳らの籠もった白河殿を攻撃

●保元の乱と平治の乱の関係図

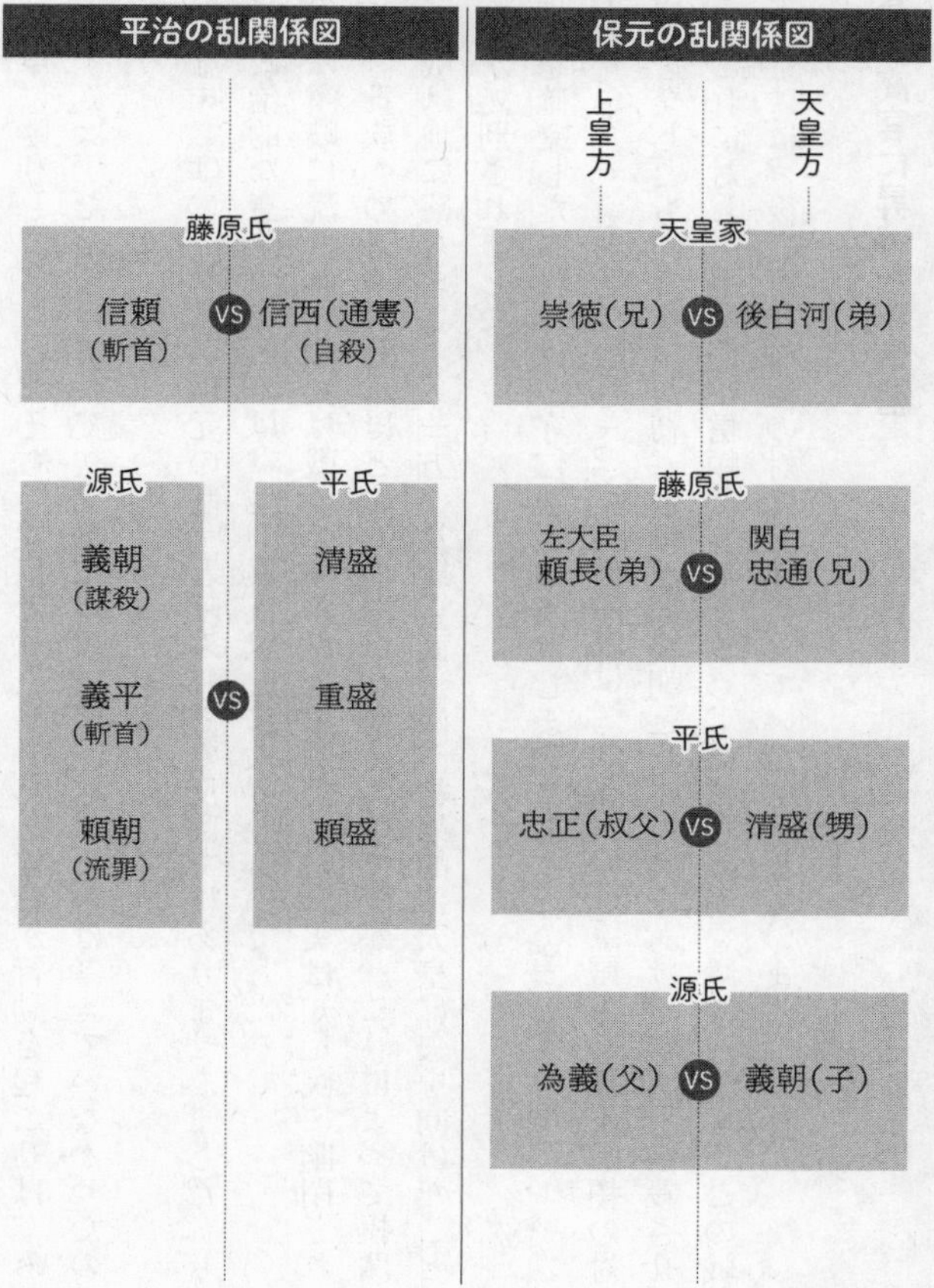

し、簡単に勝利しました。おそらく崇徳は、上皇である自分が行動を起こせば、みな味方するはずだと考えていて、実際に軍事衝突が起こるとは考えていなかったのでしょう。

その意味では、これは「保元の乱」と呼ぶほどの反乱ではありませんでした。しかし、政治的な意味においては、他の反乱以上に大きいものでした。

崇徳は讃岐《さぬき》に流され、頼長は戦いの傷がもとで死去し、忠実は知足院《ちそくいん》に幽閉されました。

貴族への処罰はそれほどのものではなかったのですが、これによって摂関家の権威は地に落ちました。一方、為義ら武士は、結果的に天皇に矢を向けたことで多くが処刑されました。

権力を確立した後白河は、守仁親王に譲位します。二条《にじょう》天皇です。

平治元年（一一五九）に起こった平治の乱は、後白河の近臣信西と藤原信頼《のぶより》の対立に端を発したものです。最初、信頼が源義朝と結んで兵をあげ、信西を自殺させます。これに対し、平清盛が信頼と義朝を攻め、信頼と義朝を滅ぼします。この戦いの背景には、後白河と二条の対立も関係していたとされています。

●高位高官に昇った平清盛

天皇家や摂関家内部の対立が武士によって決着を付けられたことによって、武士の実力が無視できないものとなりました。特に平治の乱に勝利した平清盛の地位は急速に高まり、自身は太政大臣にまで昇り、一族も高位高官に昇りました。

清盛の娘徳子《とくこ》は、高倉《たかくら》天皇の女御《にょうご》となり、翌年、中宮に立てられます。徳子の産んだ男子は、即位して安徳《あんとく》天皇になりました。

平氏政権は、朝廷の高位高官を占めるとともに、天皇の外戚となります。その経済基盤は、摂関家と同じく全国の荘園や知行国《ちぎょうこく》でした。

そのため、貴族的な性格が強かったとして、武家政権としての評価は低いのですが、後の鎌倉幕府に先行する武家政権だとする説も有力です。

平氏政権は、それまでの公家《くげ》政権とは違い、日宋《にっそう》貿易に力を入れたことが特徴です。瀬戸内海を押さえていたので、海外への目も開かれていたのでしょう。陶磁器・薬品・香料・書籍のほか、大量にもたらされた宋銭は、貨幣を鋳造しなくなっていた日本の主要貨幣として流通し、日本の経済に大きな影響を与えました。

さて、こう見てくると、院政の成立も武士の台頭も平氏政権の成立も、これまでの乱や政変と同じく、結局は皇統をめぐる対立がもたらしたものだったのだということができます。こうした時代は、その後も続いていきます。

第二章 中世の講義

なぜ武士の時代となったのか？

㊃ 鎌倉時代　天皇から武家政権へ

Q20 鎌倉幕府の本当の成立はいつなのか？

一歴史のココをつかむ！一　天皇の国家から武家の国家への推移

●幕府って何？

鎌倉幕府の成立が、「イイクニ（一一九二年）」ではない、という説は、私が学生の頃から学界の常識でした。ところが、平成二十五年度版東京書籍の高校教科書『新選日本史B』に鎌倉幕府成立の六説をあげて説明するコラムが載ると、大きな反響があり、読売新聞には「鎌倉幕府成立はイイクニではない」と驚きをもって解説する記事が載りました。

鎌倉幕府成立の諸説について、一般の人はほとんど知らなかったようです。

一一九二年（建久《けんきゅう》三）というのは、言うまでもなく源頼朝《よりとも》が征夷大将軍になった年です。この官職によって、後の足利氏も徳川氏も幕府を開くことになるので、かつてはこれが鎌倉幕府の成立とされていたわけです。

もともと幕府というのは、張幕で囲んだ大将軍の本営のことを言います。それが転じて、武家政権を指すことになったわけです。

また幕府は、近衛《このえ》大将の「唐名《からな》」でもあります。唐名とは、その役職の中国風の呼び方で、たとえば中納言の唐名は「黄門《こうもん》」です。このことから、一一九〇年（建久元）、頼朝が右近衛大将《うこのえのだいしょう》になった時が幕府の成立だという説もあります。近衛大将は、律令国家の最高の武官ですから、幕府が朝廷の軍事を分担する組織だと解釈すれば、これもそれなりの根拠はあります。

このような朝廷の官職に重きを置く見方に対し、頼朝が握った権限に着目して提出されているのが一一八三年（寿永《じゅえい》二）説と一一八五年（文治《ぶんじ》元）説です。

一一八三年は、頼朝が十月宣旨を受けて、東国の国衙《こくが》在庁支配権を認められた年、一一八五年は、頼朝が全国に守護・地頭を置くことを認められた年です。

また、武家政権の組織そのものに注目した説もあります。一一八〇年（治承《じしょう》四）説と一一八四年（元暦《げんりゃく》元）説です。

一一八〇年説は、頼朝が鎌倉に居所を構えた年で、南関東に頼朝の軍事政権が成立したことを幕府の発祥だとする説です。一一八四年説は、幕府機関として公文所《くもんじょ》と問注所《もんちゅうじょ》が設置された年です。

●どの説が有力か

このうち、有力なのは、一一八〇年説と一一八五年説です。**幕府を朝廷から自立した武家政権ととらえる立場から言えば、一一八〇年説がすっきりします。しかし、武家政権が全国政権になることを幕府成立の要件とすれば、全国に守護・地頭を置いた年がふさわしいことになります。**

一一八五年の守護・地頭の設置というのは、頼朝が、源義経《よしつね》・行家《ゆきいえ》を捜索するためとして、後白河法皇に認めさせた総追捕使《そうついぶし》と地頭の設置のことで、永続的な権利を認められたわけではありません。しかし、この総追捕使が後の守護となり、地頭が鎌倉時代を通して重要な役割を果たすことから重視されているわけです。

鎌倉時代までの日本は、天皇の国家だったと言っていいと思います。幕府は武力や権力では圧倒的な力を持ちながら、王は将軍ではなく、天皇でした。その意味では、幕府を軍事を担う権門だと考える一一九〇年説や一一九二年説も捨てがたいのです。

●鎌倉幕府の成立の流れ

1180年	5月	源頼政、以仁王ら挙兵するが、敗死
	8月	頼朝、挙兵するが石橋山の合戦で敗れる
	10月	頼朝、鎌倉に入り、富士川の合戦で平氏に勝利
	11月	頼朝、侍所を設置（この頃までに南関東一帯を支配下に置く）
1181年	閏2月	平清盛、死去
1183年	5月	木曾義仲、倶利伽羅峠の戦いで平氏に勝利
	10月	頼朝、東国の支配権を承認する宣旨を得る
1184年	10月	頼朝、公文所、問注所を設置
1185年	3月	義経、壇ノ浦の戦いで勝利、平氏滅亡
	11月	頼朝、全国に守護・地頭を置く権利を得る
1189年	閏4月	義経、藤原泰衡に衣川館を襲われ、自害
1190年	11月	頼朝、右近衛大将、権大納言に叙任
1192年	3月	後白河法皇、死去
	7月	頼朝、征夷大将軍となる
1199年	1月	頼朝、死去

大きな視点から歴史を眺めると、一一八〇年に成立した南関東の軍事政権が、朝廷からさまざまな権限を獲得し、ついには朝廷の右近衛大将や征夷大将軍という軍事を担う官職に任命されて政権を確立させた、ということなので、どれか一つの年に決めることは必要はありません。

しかし、歴史の学習という面から見れば、目安であっても一つの年を覚えることは有効です。そのため、できれば統一的な見解があればいいのですが、鎌倉幕府の成立に関してはそうした合意がなく、中学校や高校の教科書でもはっきりとは書かれない、ということになっています。

Q21 なぜ源氏将軍は三代で絶えたのか？

―歴史のココをつかむ！― 北条氏とその他の豪族の争い

●頼朝直系将軍の断絶

建久《けんきゅう》十年（一一九九）正月、頼朝が急死します。後は長男の頼家《よりいえ》が継ぎます。まだ数えで十八歳でした。官職は左中将で、征夷大将軍に任命されるのは三年後です。

頼家は、母政子《まさこ》の父、北条時政《ときまさ》と対立し、建仁《けんにん》三年（一二〇三）、妻の父、比企《ひき》能員《よしかず》とその一族、そして子の一幡《いちまん》を殺害され、伊豆の修禅寺に送られます。そして翌年、そこで殺害されました。

鎌倉幕府の正史である『吾妻鑑《あづまかがみ》』には、頼家が狩猟や蹴鞠《けまり》を好み、御家人《ごけにん》たちの既得権を無視して側近の者たちを優遇したことなどが書かれています。こうした動きに対し、御家人の既得権を守ろうとした時政が、頼家を排除しようとしたということなのでしょう。

頼家を修禅寺に送ったところまでは理解できるのですが、実の孫である頼家を殺害するというのは理解を超えています。頼家を生かしておいては、将来の禍根になるという発想からでしょうが、この頃の武士の荒々しさをよく示しているとも言えます。頼家殺害に政子が関与したとは思えませんが、結局は時政の側に付き、黙認したようです。ちなみに修禅寺の大日如来像は、頼家の菩提を弔うため政子が寄進したものです。

三代目を継いだのは、頼家の弟実朝《さねとも》です。しかし実朝も、建保《けんぽう》七年（一二一九）正月、鶴岡八幡宮《つるがおかはちまんぐう》で、頼家の子公暁《くぎょう》に討たれます。こうして頼朝の血筋は、三代で絶えることになったのです。

●摂家将軍と親王将軍

幕府は、朝廷に、後鳥羽上皇の皇子を幕府の主に迎えたいと交渉します。しかし、後鳥羽は拒否しました。皇子を鎌倉に送れば、日本が分裂すると考えたのです。

そのため、九条道家《みちいえ》の子の三寅《みとら》（後の九条頼経《よりつね》）が鎌倉へ送られることになります。三寅は、まだ二歳でした。摂家将軍とはいえ、頼朝の妹の血を受け継いでいますから、鎌倉の主にはふさわしい人物だったと言えます。

寛元《かんげん》二年（一二四四）、頼経は、六歳の子頼嗣《よりつぐ》に将軍職を譲ります。頼経は、頼朝の血筋を引くこともあって、反北条氏の有力御家人が周囲に集まっていました。これを危険視した執権《しっけん》北条時頼《ときより》は、鎌倉にとどまったままの頼経を拘束し、京都に送還します。ちなみに執権は政所別当（長官）の中の一人で、政治の実権を握り、北条氏が世襲しました。

頼嗣も、建長《けんちょう》四年（一二五二）、京都に返されます。頼嗣が京都に返される直前には、宝治合戦《ほうじかっせん》が起こり、三浦泰村《やすむら》以下五百余人が自害しています。**この時も北条氏は、反北条氏の結集の核になりうる頼嗣を警戒したのでしょう。**

その後、後嵯峨《ごさが》上皇の第一皇子宗尊《むねたか》親王が将軍に迎えられます。以後四代、皇族将軍が続きます。

皇族将軍であっても、反北条氏結集の核になるという事情は同じです。宗尊も、文永《ぶんえい》三年（一二六六）には謀叛《むほん》が発覚したとして将軍職を追われます。幕府という組織を維持するためには、将軍が必要でした。当然、北条氏は将軍を飾りに押しとどめようとしたのですが、**北条氏に反発する勢力が将軍をかつごうという動きは、なかなかなくならなかったのです。**

鎌倉時代は、まず北条時政による孫頼家の殺害、さらにたびたび起こった北条氏による有力御家人の粛清があり、また幕府を創立した頼朝の血筋を尊重するという姿勢も見られません。東国武士の世界は、同じ武家政権と言っても、安定した主従関係を持つ江戸幕府の時代とはまったく違うものでした。

Q22 荘園公領制とは何か？

―歴史のココをつかむ！― 地頭の配置で収入確保

●地頭の本当の役割とは？

院政時に飛躍的に増加した荘園は、鎌倉時代の土地制度の基本的な要素となります。ただし、全国の土地が荘園になったわけではなく、国司《こくし》が治める国衙領《こくがりょう》もまだありました。これを「公領」と言い、両者を合わせて「荘園公領制」と言っています。しかし、公領も知行国主《ちぎょうこく》の私有財産のようなものであり、荘園と性格は似たようなものでした。

文治《ぶんじ》元年（一一八五）に設けられた地頭は、諸国の荘園や公領に置かれたものです。もともと「地頭」というのは「現地」を指す言葉です。**地頭は、諸国の荘園や公領の現地にあって、その治安・警察を担い、年貢を徴収して知行国主や荘園領主に納めるものです。その反対給付として、年貢の一定部分を取得する権利を与えられました。**

地頭には、鎌倉殿《かまくらどの》（将軍）と主従関係にある武士、すなわち御家人《ごけにん》が任じられました。それまで荘園を管理していた下司《げし》などの荘官《しょうかん》も、頼朝から地頭に任命されました。ただし、地頭の設置範囲は、東国と平家没官領《もつかんりょう》など謀叛《むほん》人の所領に限られており、全国一律に設けられたわけではありません。

鎌倉時代には、全国は知行国主に分割され、そのもとに国司が任命され、国司は在庁官人《ざいちょうかんじん》を通じて一般行政を行い、年貢を徴収していました。知行国主には、院、摂関家などのほか、頼朝もいます。頼朝は、最大で関東に九カ国の知行国を持っていました。貴族や大寺社の荘園も依然として存在しており、荘園領主である本家、領家が、預所《あずかりどころ》を置いてその荘園を支配していました。

地頭は、それらの公領や荘園に設置され、荘園や公領の警察官や徴税官の任務を果たす代わりに、それまで国司や荘園領主が徴収していた年貢の一部分を武士が合法的に得ました。つまり地頭は、土地の領主ではなく、あくまでその任命された荘

●朝廷・幕府・荘園領主・地頭のしくみ

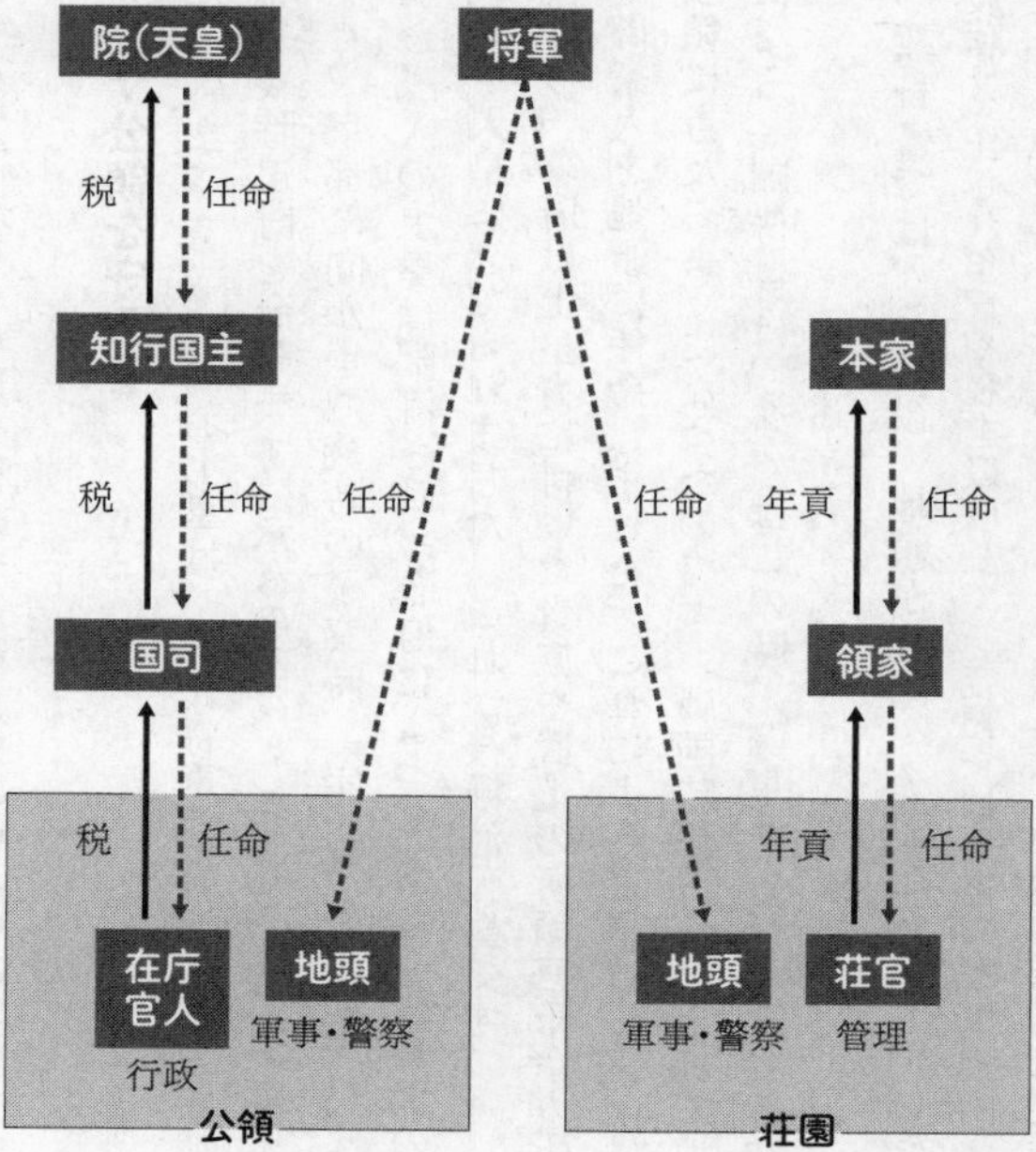

園や公領の治安を維持し、年貢や税の一定額を受け取る存在なのです。

●地頭は荘園・公領を守る者

承久《じょうきゅう》三年（一二二一）、後鳥羽上皇は、三代将軍源実朝《さねとも》が殺害されたことを契機に、執権北条義時《よしとき》追討を命じます（承久の乱）。しかし、後鳥羽に味方する武士は意外に少なく、京都に向かった義時の子泰時《やすとき》、弟の時房《ときふさ》らの軍によって敗北します。後鳥羽ら三人の上皇は配流され、幕府によって新しく後鳥羽の兄守貞《もりさだ》親王の子、茂仁《とよひと》親王が天皇に立てられました。これが後堀河《ごほりかわ》天皇です。

承久の乱の後、幕府は上皇方に付いた貴族や武士の所領三千余カ所を没収し、戦功のあった御家人を地頭に任命しました。これによって幕府の支配は、畿内や西国の荘園・公領にも及ぶようになったのです。戦国時代、それぞれの地域を領域支配することになる「国侍《くにざむらい》」は、多くはこの時、関東から移っていった御家人の末裔《まつえい》です。

日本史の教科書では、その後、地頭が荘園・公領を侵食していき、地頭請《じとううけ》（荘園・公領の経営を任され年貢や税を徴収して一定額を納める）や下地中分《したじちゆうぶん》（荘園・公領を半分に分けて一方を地頭の領地とする）によって、その地域の支配権を獲得していくことが述べられています。

知行国主や荘園領主から見ると、確かに従来の権益を次第に地頭に奪われていくということになるのですが、**もともと武力に乏しい当時の院や摂関家などの知行国主や寺社や貴族など荘園領主は、きちんと税や年貢を徴収することが困難になっていました。地頭が設置されたお陰で、武力というコストを負担せずに一定額の収入が確保できたという見方もできます。**

その代わり、どうしても地頭の要求には譲らざるを得ず、次第に収入が先細りになってはいくのですが、鎌倉時代を通じて地頭は幕府の指揮下にあり、幕府は朝廷の保護者でもありました。そのため、恣意的な年貢や税の横領や目に余る非法は統制されたのです。

このように、鎌倉時代は、地頭が荘園・公領を排他的に支配するといったものではなく、院政期以来の土地制度がまがりなりにも継続していたのです。

Q23 元寇《げんこう》の時、本当に神風は吹いたのか？

―歴史のココをつかむ！― 秋の強風、夏の台風

●わずか一日の戦闘だった文永《ぶんえい》の役

十三世紀初めに勃興《ぼっこう》した蒙古《もうこ》民族は、アジア大陸とユーラシア大陸にまたがる大帝国を建設します。中国華北地方には、女真《じょしん》族の建国した金《きん》がありましたが、一二三四年、ジンギス汗《ハン》の四男トゥルイの子のモンケとクビライが滅ぼし、元の版図となります。モンケとクビライは、南宋を攻めますが、意外に苦戦し、モンケが病死したことでクビライは北京《ペキン》に帰り、五代目の大汗《だいハン》になります。クビライは、高麗《こうらい》を服属させ、南宋包囲網を作るため日本に侵攻しようと考えます。

クビライは、日本に朝貢を要求しますが、執権北条時宗《ときむね》は拒否します。そこでクビライは、日本に遠征することとし、高麗に造船命令を出し、わずか三カ月で九百艘《そう》の兵船を建造させました。

文永十一年（一二七四）十月五日、蒙古軍は、対馬《つしま》に攻めかかり、多大な損害を与えました。蒙古襲来の報告を受けた博多では、武藤資能《すけよし》・景資《かげすけ》を大将に防備を固

め、肥後国の菊池武房《たけふさ》をはじめとする九州の御家人たちが博多に集結します。相模《さがみの》国《くに》の大友頼泰《よりやす》も手勢を引き連れて博多に入ります。

十月十九日、蒙古軍を乗せた九百艘の兵船が博多海上に押し寄せてきました。

翌日早朝、筥崎宮《はこざきぐう》あたりで上陸した蒙古軍は、日本軍と激突します。蒙古軍の使う「てつはう（鉄砲）」は、轟音《ごうおん》を発し、馬を驚かせたので、多くの武士が落馬し、蒙古兵に取り囲まれて命を落としました。また、蒙古軍は毒矢を使っていたので、わずかな矢疵《やきず》でも致命傷になりました。

日本軍は、戦術の違いに戸惑い、大きな損害を受けました。ただ、乱戦の中、武藤景資が射た矢がたまたま蒙古軍の将、左副元帥《げんすい》の劉復亨《りゅうふくこう》に当たり、日が暮れると蒙古軍は船に引き揚げていきました。

翌日も蒙古軍が上陸してくれば、御家人たちの軍は潰滅していたかもしれません。ところがあくる朝、日本軍が海を見ると、蒙古軍の兵船が忽然《こつぜん》と姿を消していました。

旧暦の十月二十日は新暦の十一月十九日で、すでに台風の時期ではありません。そのため、この時の蒙古軍は日本軍の軍事力を偵察するために来ただけで、自発的に帰ったのではないか、という説もあります。

しかし、志賀島《しかのしま》に乗り上げて沈んだ船があるので、強風が吹いたことは確かです。前夜、博多の海上で強風が吹き、蒙古軍の兵船の多くが難破し、多くの死者を出したという中国側の史料もあります。

たとえ偵察だったとしても、圧倒的に優勢だった蒙古軍ですから、その夜、何事もなかったのであれば何日かは攻め込んだはずなので、強風が吹いたことで蒙古軍に多大な損害があったことは認めていいのではないかと思います。蒙古軍が乗り込んでいたのは、高麗でわずか三カ月で建造した兵船です。突貫工事の中で、手抜きがあり、欠陥船だったのかもしれません。

こうして文永の役の中心的な戦闘は、わずか一日で終わりました。

●防衛戦を守った弘安《こうあん》の役

わずか一日でしたが、蒙古軍との戦いの経験は、幕府に深刻な危機意識をもたらしました。蒙古軍の恐ろしさを思い知った幕府は、九州北部の要地を防御するため、異国警固番役《いこくけいごばんやく》を強化します。来たるべき戦争に備え、蒙古軍の上陸を阻止するため、九州の御家人《ごけにん》を動員して博多湾の沿岸にそって石築地《いしついじ》を築きます。

一方、南宋を滅ぼした蒙古は、弘安三年（一二八〇）、再び日本に侵攻する計画を立てます。今回は、蒙古と高麗軍で構成される東路《とうろ》軍と、投降した南宋の軍を中心とした江南《こうなん》軍の二軍で構成されることになりました。東路軍は兵船九百艘、軍勢四万、江南軍は兵船三千五百艘、軍勢十万の大軍でした。

翌弘安四年（一二八一）五月二十一日、東路軍が対馬に上陸、六月六日には博多湾に侵入します。しかし、石築地があるので、上陸できず、船にとどまっていました。日本軍は、夜、船を出して蒙古軍を襲撃します。この果敢な攻撃は、一定の戦果をあげました。

江南軍の出撃は遅れ、ようやく七月上旬に両軍は合流しました。

同月二十七日、江南軍が鷹島《たかしま》に上陸を敢行しますが、松浦党《まつらとう》を中心とした日本軍は必死の攻撃でこれを撃退します。

海上にいることを余儀なくされた蒙古軍は、各船を鎖で繋《つな》ぎ、相互に連携をはかることで日本軍の夜襲に備えました。

そして運命の七月三十日の夜、九州を大暴風が襲います。旧暦七月三十日は新暦の八月十五日ですから、これは正真正銘の台風でしょう。

蒙古軍の兵船は、東路軍、江南軍ともにほとんどが沈没しました。鎖で繋いでいたことが、被害を拡大したようです。

閏七月五日、風が収まると、日本軍は、兵船数百艘を出して、小島や岩礁に生き残っていた蒙古兵を掃討します。これによって、蒙古兵はほとんどが殺害されたり、捕虜になったりしました。捕虜も後に斬首されました。御家人たちにはかつての蒙古軍の残虐な戦いの記憶があり、こうした措置になったものと思われます。中納言勘解由小路兼仲《かでのこうじかねなか》は、日記（『勘仲記《かんちゅうき》』）に、「これすなわち神鑑《しんかん》の応護なり」と書いています。強大な蒙古軍を打ち破ったのは、神の援助によるというのでしょう。これ以後、元寇の勝利は、神風の伝説とともに伝えられることになります。

弘安の役で台風が吹いたことは、歴史的事実です。しかし、それがこれだけの大勝利に繋がったのは、それまで石築地を築くなどの対処をしていた幕府の施策と、海に浮かぶ蒙古の兵船に果敢に夜討ちをかけて悩ました御家人たちの働きがあったからです。御家人たちは、こうした対策と努力によって台風を神風にしたのだと言っていいでしょう。

Q24 なぜ鎌倉幕府は滅びたのか？

—歴史のココをつかむ！— 体制に対する御家人《ごけにん》たちの不満

●北条氏得宗《とくそう》の専制政治

山川出版社の高校教科書『詳説日本史』で鎌倉幕府が倒れた原因としてあげられているのは、次の三点です。

①蒙古《もうこ》襲来で、御家人たちは多大な犠牲を払って奮闘したにもかかわらず、十分な恩賞を与えられず、幕府への信頼を失った。
②御家人たちは、分割相続の繰り返しで所領が細分化し、貨幣経済の発展に巻き込まれて、窮乏していった。
③畿内やその周辺で、「悪党」と呼ばれる新興武士が、荘園領主に抵抗するようになった。このような動揺を鎮めるため、北条氏得宗家の専制政治が強化されたが、それがますます御家人の不満をつのらせた。

この中でもっとも重視されているのが、「得宗専制」と呼ばれる当時の政治状況でしょう。最後の執権となる北条高時《たかとき》の時代、得宗の家人《けにん》の第一人者である「内管《うちかん》領《れい》」長崎高資《たかすけ》が権勢を振るいます。これが御家人の反発を生み、倒幕運動が起こったということになります。

鎌倉幕府が倒れた背景には、ここであげたような歴史状況があったことは確かです。しかし、実際に倒幕の核となる存在が現れないと、なかなか倒幕などできることではありません。そこで登場したのが、後醍醐《ごだいご》天皇です。

●後醍醐天皇の権力掌握の野望

当時、天皇家では、後嵯峨《ごさが》天皇の子の代に、またしても皇位継承の争いが起こっていました。詳しい説明は省きますが、後嵯峨の死後、後深草《ごふかくさ》上皇の皇統と、亀山《かめやま》天皇の皇統が並立し、幕府の調停でそれぞれの皇統が交代で皇位に就く両統迭立《りようとうてつりつ》という方式がとられていました。

後深草の皇統は、院御所の持明院殿《じみよういんどの》に住んだので持明院統と呼ばれ、亀山の皇統は、後宇多《ごうた》法皇が大覚寺《だいかくじ》に住んだので大覚寺統と呼ばれます。

両統迭立は、スムーズに実現していたわけではなく、両統が幕府に積極的に働き

●天皇の略系図（後嵯峨から後小松まで）

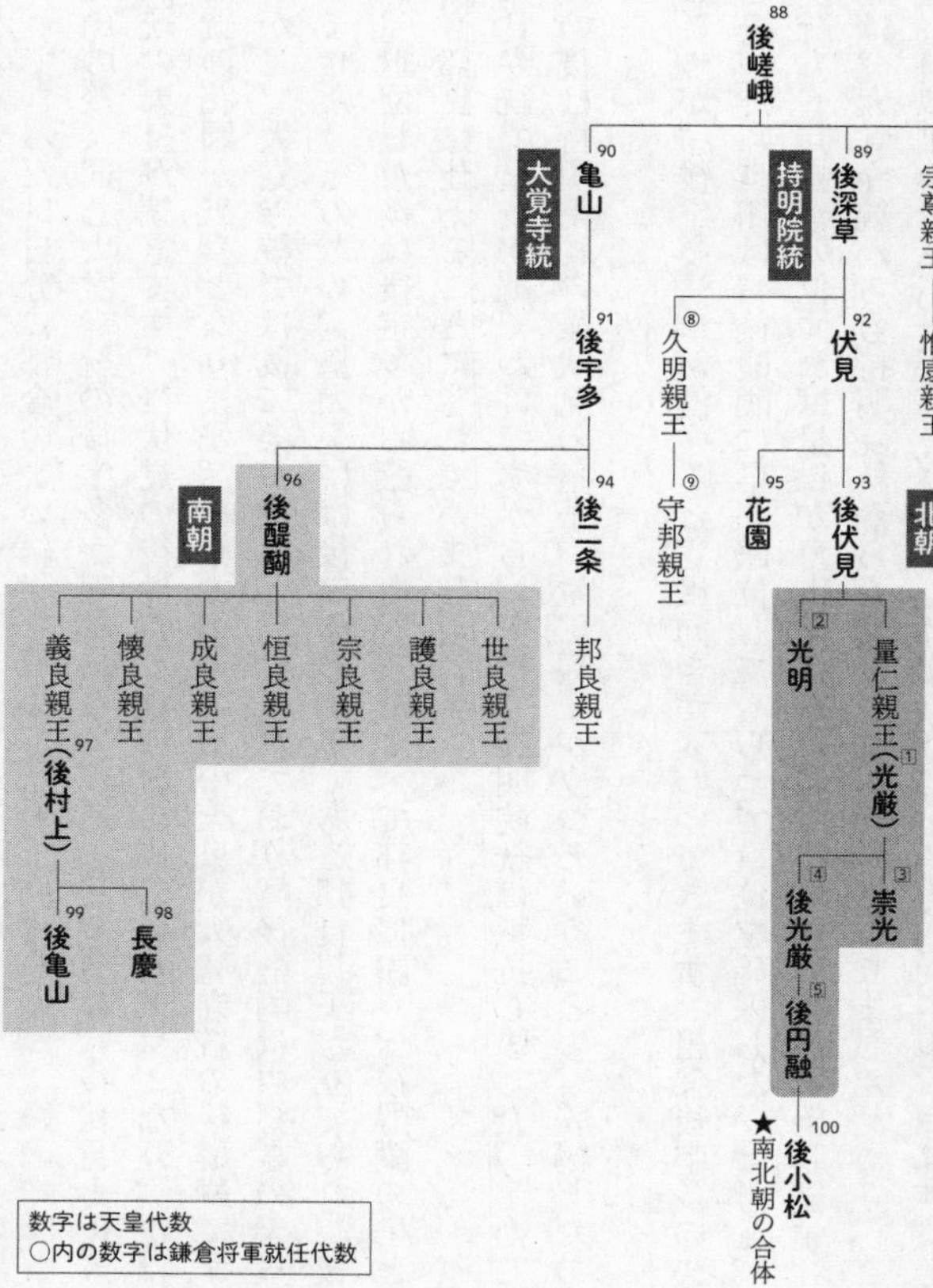

かけ、できるだけ自分に都合のよい結果を得ようとしていました。

亀山の後、同じ大覚寺統の後宇多が天皇になり、その後、伏見、後伏見という持明院統の天皇が続きます。伏見の後は、大覚寺統の後二条が天皇となり、次は持明院統の花園が天皇となります。そして、その次の天皇が大覚寺統の後醍醐です。

しかし、大覚寺統では後二条が直系と見なされており、後醍醐は中継ぎの天皇にすぎません。そのため、皇太子には後二条の皇子である邦良《くによし》親王が立てられ、後醍醐は、退位した後は後宇多から譲られた所領をすべて邦良に譲り、後醍醐の子どもたちも邦良に仕えることにされていました。

大覚寺統で皇統が続くわけですから、当然、持明院統は抵抗しました。しかし、邦良の後は持明院統の後伏見の皇子、量仁《かずひと》親王が立つということで、妥協したのです。

ところが、後宇多法皇が没すると、風向きが変わってきます。祖父後宇多の後ろ盾を失った邦良側は、後醍醐に早く譲位してもらって皇位を確保したいと考え、持明院統も、邦良が即位すれば量仁が皇太子になるので後醍醐の譲位を望みます。後醍醐は、大覚寺統からも持明院統からも攻撃される立場になりました。

もし後醍醐が直系の天皇であれば、譲位して院政を敷くこともできます。しかし、後醍醐にその選択肢はなく、自らの皇統を続けていこうとすれば、あくまで皇位にとどまるしかありません。その最大の障壁が、両統迭立を支持する幕府だったのです。

そこで、後醍醐は、腹心の公家《くげ》、日野資朝《すけとも》・俊基《としもと》らに各地の武士を勧誘させます。しかし、これは京都の幕府の出先機関である六波羅探題《ろくはらたんだい》に察知され、資朝らはとらえられます。これが正中《しょうちゅう》の変です。

正中三年（一三二六）、邦良が没すると、後醍醐は皇子の世良《よよし》親王を皇太子にしようとしますが、持明院統の巻き返しによって量仁が皇太子になります。

後醍醐は、皇子の尊雲法親王《そんうんほっしんのう》（後の護良《もりよし》親王）を天台座主《てんだいざす》（天台宗の総本山・比叡山延暦寺の住職）とし、僧兵勢力を頼ろうとします。こうした動きに危機感を持った大覚寺統側の腹心、吉田定房《さだふさ》は、後醍醐の動きを幕府に密告します。これは理解できるところです。後醍醐が無謀な挙兵をすれば、大覚寺統そのものが倒れてしまうことにもなりかねないからです。定房は、それに恐怖感を持ったのでしょう。

元徳《げんとく》三年（一三三一）四月、日野俊基らは再び六波羅探題に捕らえられ、鎌倉に護送されます。後醍醐は、笠置《かさぎ》山（京都府笠置町）で挙兵しますが、幕府軍に包囲されて捕らえられます。後醍醐は皇位を廃され、隠岐《おき》に流されることになりました。後伏見上皇の院政が始まり、量仁親王が皇位について光厳《こうごん》天皇になります。

こうして見ると、**後醍醐は、自らの皇統を伝えようとするあまりに、それまでの朝廷や幕府の合意をことごとく打ち破ろうとしています。そしてそれが受け入れられないと見るや、挙兵して実力でそれを実現しようとします。**しかし、当時、朝廷にはなんら軍事力はなく、軍事はすべて幕府に委ねていました。そうした状況で挙兵するというのは、どう考えても常識外れでした。

●歴史における引き金を見る

しかし、時にはその常識外れが歴史を動かすことになります。まず、鎌倉幕府の体制下では勢力を伸ばすことができない新興の武士が、幕府を倒そうという後醍醐の呼びかけに応えていきます。

後醍醐に呼応して挙兵した楠木《くすのき》正成《まさしげ》は、河内国《かわちのくに》の「悪党」とされています。「悪党」とは、領地を失った御家人、荘園領主に仕える非御家人、地侍《じざむらい》（武士化した名《みょう》主《しゅ》層）などが、年貢の納入を拒んだり、武装して荘園を襲ったりしたことから、そう呼ばれたものです。

正成は、中央貴族と主従関係を持っていた武士のようですが、和泉国《いずみのくに》若松荘に押し入り、年貢などを掠《かす》めとったので、荘園領主の臨川寺《りんせんじ》から「悪党」と呼ばれています。小勢力でありながらゲリラ戦に優れ、同国の赤坂城、次いで千早城《ちはやじょう》に籠もり、幕府の大軍を苦しめました。

後醍醐の皇子護良親王も、熊野・吉野の山奥で軍事行動をとり、諸国に令旨《りょうじ》を発して武士の決起を促しました。正成や護良の活躍によって、播磨《はりま》の守護、赤松則村《のりむら》が挙兵するなど、各地で反幕府の動きが始まります。

こうした情勢の中、後醍醐は隠岐を脱出して、出雲《いずも》から伯耆《ほうき》に入り、名和長年《なわながとし》に迎えられます。後醍醐の夢物語である倒幕が、現実味を帯びたものとなってくるのです。

決定的だったのは、赤松討伐の命を受けて出陣した足利高氏《あしかがたかうじ》（後の尊氏）が、倒幕勢力側に回ったことです。足利氏は、後三年の役を戦った源義家の孫、義康《よしやす》に始まる源氏の名門で、幕府内では北条氏に次ぐ存在でした。源氏でない北条氏が権力を持ち続けていることに不満があったのでしょう。高氏は、赤松らの軍勢と合流し、六波羅探題を攻略します。

高氏が後醍醐に付いたため、幕府内でも動揺が走り、有力な御家人までが反幕府の動きに出ます。上野国《こうずけのくに》では、新田義貞《にったよしさだ》が挙兵しました。新田氏も源氏の名門で、源義家の孫、義重《よししげ》に始まる家です。
義貞が鎌倉に向かうと、各地の御家人たちが義貞軍に加わります。分倍河原《ぶばいがわら》の戦いで幕府軍を撃破し、多摩川を渡った義貞は、七里ヶ浜から海を渡って鎌倉に入ります。追い詰められた北条高時《たかとき》は、御内人《みうちびと》七、八百人とともに自害します。将軍はまったくの傀儡《かいらい》ですので、北条氏得宗家の滅亡は、そのまま鎌倉幕府の滅亡となりました。

幕府の滅亡は、得宗専制に対する不満が予想以上に大きく、それが後醍醐の皇統継続の無謀な行動によって火を付けられたためでした。後醍醐の挙兵は、ただ引き金になっただけとも言えます。

しかし、歴史における引き金となる事件を軽視することはできません。状況が熟していないと大きな政治変動は起こりませんが、それには何らかの契機が必要です。倒幕の動きは、天皇が主体だったからこそ結集の核となり得、幕府攻撃にあたる御家人の正当性を保証した、ということは事実です。その意味では、幕府の滅亡は、後醍醐という特異な個性を持つ天皇が引き起こしたものだという評価も十分に成り立つのです。

ただし、大きな視点から見れば、幕府を倒した深部の要因は、単に得宗専制への不満というよりは幕府体制そのものに関わるものだったと考えられます。

倒幕への動きを作った楠木正成らの悪党は、荘園の荘官《しょうかん》やその庶子らが自立して成立していた現地の有力武士です。彼らが土地への権利を強めていこうとしても、幕府体制のもとでは現地の警察官や徴税請負人にすぎません。これは、幕府の御家人である地頭も同じです。彼らにとって幕府は、自分たちの飛躍の桎梏《しっこく》になっていました。何かきっかけがあれば、爆発するほどに、彼らの実力は伸張していたのです。

五 南北朝・室町時代 戦国大名の登場

Q25 教科書に室町幕府の成立年を書けない理由とは？

―歴史のココをつかむ！―二人の天皇をめぐる歴史の混乱

足利尊氏《あしかがたかうじ》が京都に幕府を開いた理由

鎌倉幕府を倒した後醍醐《ごだいご》は、再び天皇に復帰し、建武の新政と呼ばれる政治を行います。後醍醐は、院政も摂関も否定して、天皇が政治を行う体制を打ち立てようとします。しかし、鎌倉幕府のもとで作られてきた慣習を無視したものだったため、政治の混乱をもたらしました。

倒幕に功績のあった足利高氏《たかうじ》は、後醍醐の諱《いみな》「尊治《たかはる》」の一字を賜《たまわ》り、尊氏となっていました。しかし、征夷大将軍は、後醍醐の皇子護良《もりよし》親王に与えられます。護良は、後醍醐の意に反して尊氏と軍事的に対抗しようとしますが、尊氏が護良の謀叛《むほん》心を後醍醐に告げたことにより捕らえられ、鎌倉にいた弟、足利直義《ただよし》のもとに流され、幽閉されました。

北条高時の子時行《ときゆき》が信濃国《しなののくに》で中先代《なかせんだい》の乱を起こすと、直義はこれを迎え討ちますが、敗北して鎌倉に戻ります。そして、幽閉していた護良親王が時行に奉じられることを恐れ殺害し、鎌倉を捨てて三河《みかわ》まで逃げます。

尊氏は、時行討伐を申し出、征夷大将軍の官職を求めますが、後醍醐は、尊氏が関東に下って自立することを恐れ、征夷大将軍どころか出陣も許可しませんでした。尊氏は、勅許を得ないまま時行の鎮圧に向かい、遠江国《とおとうみのくに》で時行の軍を破ります。

朝廷は、鎌倉にとどまった尊氏を謀叛の疑いありとして追討を命じます。これを聞いた尊氏は、引き籠もってしまいます。追討に向かった新田義貞《よしさだ》の軍を直義が迎え討ちますが、敗れました。このため、必ずしも後醍醐に逆らうつもりはなかった尊氏が出馬せざるを得なくなり、義貞らの軍を破って京都に入ります。しかし、北畠顕家《きたばたけあきいえ》・新田義貞・楠木正成《くすのきまさしげ》らの軍に攻められた尊氏は、京都を確保することができず、九州に落ちていきます。

九州の御家人たちは、建武の新政に不満を抱いていました。彼らの援助を得て勢力を盛り返した尊氏は、湊川《みなとがわ》の戦いで楠木正成を破り、光厳《こうごん》上皇を奉じて京都に入ります。後醍醐は、近江《おうみ》坂本に逃れます。

建武三年（一三三六）八月、光厳の皇子、豊仁《ゆたひと》親王が践祚《せんそ》し、光明《こうみよう》天皇になります。後醍醐は、尊氏の要請に応えて京都に帰ります。後醍醐の皇子、成良《なりよし》親王が皇太子に立てられることが条件だったようです。尊氏は後醍醐と対立したくはなかったのです。この尊氏と後醍醐の和解の時期、十一月七日付けで定められた建武式目は、室町幕府の基本法になります。

ところが十二月二十一日、後醍醐は、三種の神器を持って京都を出奔、吉野（奈良県吉野町）に行って、皇位に復することを宣言します。これが南朝の成立で、北畠親房《ちかふさ》の勧めによったものとされています。こうして、長期にわたる南北朝の内乱が始まるのです。

北朝の光明は、暦応《りやくおう》元年（一三三八）八月、尊氏を征夷大将軍に任命します。「征夷」でありながら尊氏が鎌倉ではなく京都にとどまったのは、吉野の南朝に対抗するためでした。

この時、室町幕府が成立したと言っていいのですが、実は室町というのは「花の御所」と呼ばれた三代将軍足利義満《よしみつ》の邸宅が建設された場所です。また、**多くの研**

究者は、尊氏が征夷大将軍に任命された時よりも、基本法である建武式目が定められたことの方を重視し、一三三六年に実質的に室町幕府が成立したと考えています。教科書に、室町時代の成立年がはっきりとは書かれていないのは、このためでしょう。

●なぜ南朝は存続できたのか

後醍醐が天皇に復したことによって、後醍醐と光明の二人の天皇が並立する時代になります。これが南北朝時代です。伝統的な都である京都にいるのは光明ですので、北朝が正統な皇統であるように思うのですが、北朝は尊氏によって立てられたにすぎず、正統性は、かつて天皇であり、三種の神器を持っている後醍醐だという考え方も成り立ちます。これが、江戸時代、水戸学で唱えられた南北朝正閏《せいじゅん》論です。そのため現代の歴史家も、どちらが正統かということを厳密に定めず、南北朝時代としているのです。

後醍醐は、延元《えんげん》四年（一三三九）八月十六日、五十二歳で吉野に没しますが、践祚した後村上《ごむらかみ》天皇のもとで内乱は続きます。

これは、南朝方が強力だったというより、足利家の中で直義と尊氏の執事高師《こうのもろ》直《なお》の対立が生じ、観応《かんのう》の擾乱《じょうらん》と呼ばれる争乱が起こるからです。観応元年（一三五〇）、京都を脱出した直義は、南朝に下り、後村上の綸旨《りんじ》（天皇の命令文書）を得て南朝勢力を味方につけようとしました。こうして、南朝も一定の勢力を保つことができるようになります。

翌年二月、尊氏と直義が連携したことによって高師直が討たれ、直義も同三年に不審な死を遂げるのですが、争乱は、尊氏派、旧直義派、南朝勢力の三者が離合集散を繰り返しながら十年あまりも続きます。

このあたりの対立関係はたいへん複雑です。要するに、対立する諸勢力が、北朝と南朝をそれぞれの権威付けのために使ったということです。そうした長い争乱を経て、ようやく三代将軍義満《よしみつ》の時、南朝の後亀山《ごかめやま》天皇と交渉して南北朝の合体が実現します。明徳《めいとく》三年（一三九二）のことです。

条件は、①南朝側から三種の神器を「譲国の儀」をもって引き渡す、②以後は両《りよう》統迭立《とうてつりつ》とする、というものです。南朝から国を譲るということは、形式的に見ればそれまでの南朝が正統だということになります。これが南北朝正閏論の根拠の一つですが、この交渉は義満が勝手にやったことのようで、約束を守るつもりもなく、両統迭立は一度も実現しませんでした。

Q26 足利義満《よしみつ》はなぜ日本国王になったのか？

―歴史のココをつかむ！―貨幣経済を発展させた義満の真の狙い

●足利義満、異例の出世の理由

室町幕府三代将軍足利義満は、貞治《じょうじ》六年（一三六七）十一月、父で二代将軍の義詮《よしあきら》から政務を譲られます。まだ十歳の幼さでした。細川頼之《よりゆき》が讃岐《さぬき》から召喚され、管領《かんれい》になって義満を補佐することになりました。「管領」とは、政所《まんどころ》や侍所《さむらいどころ》などの諸機関を統轄し、諸国の守護に将軍の命令を伝達する役職です。いわば鎌倉幕府の執権のような地位で、細川・斯波《しば》・畠山《はたけやま》の三家が交代で任命されるとされていました。

康暦《こうりやく》元年（一三七九）閏《うるう》四月、頼之と対立する越前《えちぜん》の斯波義将《よしゆき》は、義満邸を包囲し、頼之の罷免《ひめん》を迫り、義満は頼之を罷免します。

このように、義満が幼い頃は、幕府は有力守護の意向を無視できませんでした。しかし、土岐康行《ときやすゆき》の乱、明徳《めいとく》の乱（山名氏清《やまなうじきよ》の討伐）、応永《おうえい》の乱（大内義弘《よしひろ》の討伐）などを経て、次第に絶対的な権力を握るようになります。

前項で述べたように、明徳《めいとく》三年（一三九二）には、南朝側と交渉して南北朝の合体も実現しています。

義満は、官位の上でも破格の昇進をしています。祖父尊氏、父義詮が、征夷大将軍のほかは大納言にとどまったのに対し、大納言から従一位、内大臣、左大臣《さだいじん》と昇進し、永徳《えいとく》三年（一三八三）には准三宮《じゅさんぐう》の宣下《せんげ》を受けています。准三宮とは、太皇太后《たいこう》、皇太后《たいごう》、皇后に準じる身分ということです。そして、応永元年（一三九四）には太政大臣に昇っています。

義満の特長は、これら朝廷の官位が名目だけでなく、実際にその働きをしていたことでした。将軍でありながら、公家《くげ》の頂点にも立ったのです。

こうしたことから、義満には、皇位簒奪《さんだつ》の狙いがあったのではないか、とする説もあります。近年では今谷明氏が、長男義持《よしもち》を将軍に、その弟で義満が溺愛していた義嗣《よしつぐ》を後小松《ごこまつ》天皇の皇位継承者としようとした、と主張しています。それが実現しなかったのは、義満が応永十五年（一四〇八）五月六日に急死するからだ、としています（『室町の王権』）。

この説に関しては、中世史家の批判が多く、受け入れる研究者はあまりいません。今谷氏が掲げる史実を見ても、皇位簒奪計画があったというよりは、破格の昇

●足利・新田氏の略系図

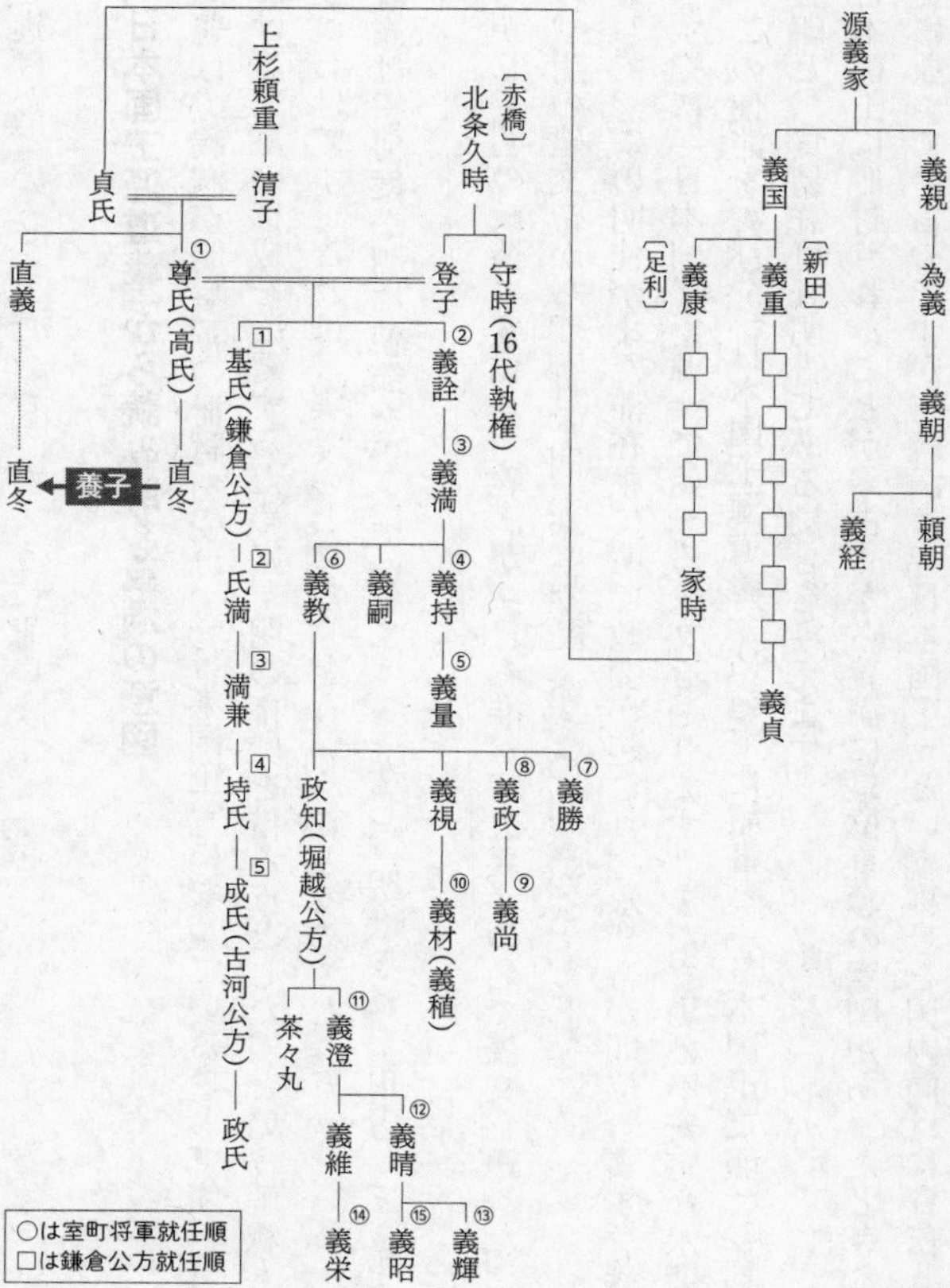
源義家
義親
為義
義朝
頼朝
義経
義国
（新田）
義重
義貞
（足利）
義康
家時
（赤橋）
北条久時
守時（16代執権）
登子
上杉頼重
清子
貞氏
①尊氏（高氏）
直義
直冬
養子
直冬
1 基氏（鎌倉公方）
2 氏満
3 満兼
4 持氏
5 成氏（古河公方）
政氏
②義詮
③義満
④義持
⑤義量
義嗣
⑥義教
⑦義勝
⑧義政
⑨義尚
義視
⑩義材（義稙）
政知（堀越公方）
茶々丸
⑪義澄
義維
⑭義栄
⑫義晴
⑮義昭
⑬義輝
○は室町将軍就任順
□は鎌倉公方就任順

進を遂げたということだけだったように思います。

●「日本国王源道義」から読み解く義満の意図

問題は、義満が明《みん》皇帝の冊封《さくほう》を受け、「日本国王」になっていることです。日本における天皇の権威を凌駕《りようが》するために、明の権威を借ろうとした、という解釈も成り立つわけです。これは、実際のところ、どういうことなのでしょうか。

義満は、何度か明に使節を送っています。しかし、明はそれを拒否してきました。

しかし、明の政情の変化と、義満が「日本准三宮道義《じゆさんぐうどうぎ》」の名で表文を送ったことから、明の建文帝《けんぶんてい》から、「日本国王源《げん》道義」宛ての詔書が遣わされます。

そして、この明使がまだ滞在中に明で政変が起こり、永楽帝《えいらく》が即位します。義満は、すぐに「日本国王臣源」で始まる表文を送ります。まだ立場の不安定な永楽帝は、この使節を喜び、「日本国王源道義」に宛てた詔書と「日本国王之印」と刻んだ金印と、貿易許可証明書である勘合《かんごう》を与えます。

日本国王に冊封されたことが、古くから義満に皇位簒奪の意図があったとされる根拠になっているのですが、義満は「日本国王」という称号を国内向けに宣伝していませんし、皇位簒奪の手段ともしていません。

当時の公家たちは、明使に対する卑屈なまでの義満の態度に批判的な目を向けています。後世の歴史家からも、「日本国王臣源」の「臣」が、自ら明皇帝の「臣」を自称したということで、日本の独立性を損なうものとして「屈辱外交」と見なされました。

義満の意図は何だったのでしょうか。

確かなことは、**日明貿易の利益を得ようとしたことでしょう。明から「日本国王」に冊封されることによって明との貿易が可能となり、明皇帝から何万貫という大量の銭貨を下賜され、貿易でも莫大な利益がもたらされました。室町時代には貨幣経済が飛躍的に発達しますが、それも日明貿易があったからです。**

冊封の副産物として、同じく明に冊封されている朝鮮とも国交が成立し、日朝貿易も盛んになります。朝鮮からもたらされる青磁《せいじ》や白磁の壺や茶器は、上層階級にたいへん珍重されます。

ほかには、義満自身の中国への憧れとか、「日本国王」号を持つことによる朝廷への示威とか、想像できる理由はありますが、実証できるような性質のものではありません。

したがって、「日本国王」になったことをもって、皇位簒奪の証拠とすることはできないでしょう。

義満の死後、後を継いだ四代将軍義持《よしもち》は、義満の朝貢形式に反発して明との通交を中断します。また義持は、応永二十三年（一四一六）、上杉禅秀《ぜんしゅう》の乱の後、禅秀に連座させて弟の義嗣《よしつぐ》を殺害しています。

日明貿易は、六代将軍義教《よしのり》の時代に再開されます。

Q27 応仁の乱は日野富子《とみこ》のせい？

一歴史のココをつかむ！一 将軍家と将軍の妻・日野家の確執

● 応仁《おうにん》・文明《ぶんめい》の乱とは後継者争いだった

六代将軍足利義教《よしのり》は、将軍権力の強化をめざして恐怖政治を行いますが、それが災《わざわ》いして有力守護の赤松満祐《みつすけ》に殺害されます。この嘉吉《かきつ》の変によって、室町幕府は衰退に向かいますが、それを決定的にしたのは、京都を舞台に十一年にわたって続けられた応仁・文明の乱です。ここで、重要な人物として、日野富子という女性が登場します。

高校の日本史教科書に登場する女性は、古代では卑弥呼《ひみこ》や推古《すいこ》天皇などが有名ですが、中世になると、鎌倉時代では源頼朝《よりとも》の妻北条政子《まさこ》、室町時代では八代将軍足利義政《よしまさ》の妻日野富子ぐらいです。富子は九代将軍義尚《よしひさ》の母として登場するだけです。しかし、彼女が教科書に登場するのは、実は当時、義政に代わって政治を行うなど歴史に大きな足跡を残しているからです。

寛正《かんしょう》五年（一四六四）、義政は、まだ二十九歳と若いにもかかわらず、弟義視《よしみ》を後継者に指名します。ところが、一年後、富子との間に義尚が生まれます。義政の行動は、わざわざ対立の火種を付けたようなものでした。

当時、幕府で問題となっていたのは、管領《かんれい》の斯波《しば》家や畠山《はたけやま》家などの後継者争いです。応仁元年（一四六七）、幕府の主導権争いをしていた細川勝元《かつもと》と山名宗全《そうぜん》が、畠山家の後継者争いに介入し、日本を東西に二分する大乱が起こります。有名な応仁の乱です。乱は十一年の長期に及び、文明年間にも続いていますので、応仁・文明の乱とも呼ばれます。

最初、優勢だったのは、義政や義視らの身柄を確保した細川勝元（東軍）で、山名宗全（西軍）は大内政弘《まさひろ》の支援を受けて盛り返します。富子は、我が子義尚を将軍職につけることを強く望んでおり、山名宗全とも気脈を通じていました。

応仁二年（一四六八）十一月、義視が突然、西軍に身を寄せ、東西に幕府が並び立つことになります。文明三年（一四七一）、越前《えちぜん》の守護代朝倉孝景《たかかげ》が東軍に寝返ったことにより東軍が優勢になります。文明五年（一四七三）には九歳の義尚が将軍宣下《せんげ》を受け、富子の兄で左大臣《さだいじん》の日野勝光《かつみつ》が義尚を補佐することになります。

戦いが長期化すると次第に厭戦《えんせん》気分が蔓延《まんえん》し、宗全と勝元の間で和平交渉が始まり、文明六年（一四七四）、山名家と細川家の間で和議が成立します。この時、すでに宗全と勝元は死去していました。

文明八年（一四七六）、勝光が死ぬと、富子が政務をとります。義政は、無力感にとらわれ、政治をほとんど放棄していました。一方の富子は、この乱の中でも、莫大な米銭を蓄え、大名らに高利で貸し付けたり、米の投機を行うなど、蓄財に励んでいたと言います。

他の守護大名の間ではまだ合戦が継続しますが、文明九年（一四七七）、劣勢だった西軍が軍を解いてようやく終息しました。

この乱によって、戦場となった京都は荒廃し、それまで在京していた守護は、国に下るようになりました。将軍義政には、それを押しとどめる力はありませんでした。室町幕府の守護大名への統率力は、極限にまで低下したのです。

守護が国に帰っていったのは、下剋上の動きが本格化し、自身が領地にいる必要があったからです。しかし、時代の流れは押しとどめがたく、守護大名の多くは没落し、戦国時代が幕を開けることになります。

●日野富子の出自《しゅつじ》

日野富子とは、何者だったのでしょうか。日野家は、代々、儒学や歌道で仕えた「名家《めいけ》」の家柄の中級公家《くげ》です。家祖は、藤原北家《ほっけ》冬嗣《ふゆつぐ》の兄で参議を務めた真夏《まなつ》という人で、十一世紀半ばから日野を称します。後醍醐天皇の側近として討幕計画に参画して処刑《ごん》された日野資朝《すけとも》・俊基《としもと》もこの一族です。

日野家は権中納言を極官とする家でしたが、室町時代には、日野時光《ときみつ》の娘業子《なりこ》が三代将軍義満《よしみつ》の正室となり、以後、義尚まで日野家の子女が将軍の正室となり、官位も権大納言にまで昇るようになりました。富子の兄、勝光《かつみつ》に至っては左大臣にまで昇っています。富子が権勢を握ったのも、将軍家と日野家との密接な関係によります。

これに加えて、将軍である義政が、厭世感にとらわれ政治に興味を失っていたという事情もあります。もともと富子は、足利家の財政を支えており、政治的な素質もあったようです。

富子がなぜ政治に口を出したかといえば、それは子の義尚を将軍にしようとしたためです。義政は、子が生まれる可能性があるにもかかわらず、わざわざ弟に将軍の継嗣になるよう頼むような人間です。自分がしっかりしないと、義尚の将来はないと思っていたのでしょう。

政治の実権を富子に奪われた義政は、東山に山荘（現在の慈照寺《じしょうじ》銀閣）をつくり、隠栖《いんせい》します。ここに建てられた銀閣の下層や東求堂同仁斎《とうぐどうどうじんさい》は書院造で、現在の和風住宅の原型になっています。このほか、雪舟《せっしゅう》の水墨画、日本の伝統文化である茶の湯・花道の基礎もこの時代につくられます。義政は一流の文化人であり、その時代は、文化が発展した時代でもあったのです。

一方、将軍となった義尚は、奇行が目立ち、残念なことに長享《ちょうきょう》三年（一四八九）、近江《おうみ》在陣中に二十五歳の若さで没しました。

Q28 戦国大名はいつどこで生まれたのか？

―歴史のココをつかむ！― 関東と京都の後継者争いで乱れる世の中

●京都から駿河《するが》に下った北条早雲《そううん》

最初の戦国大名と目されているのは、小田原の北条早雲です。後《ご》北条氏とも言われますが、これは鎌倉幕府の執権北条氏と区別するためで、自分で名のったわけではなく、北条を名のるのも子の氏綱《うじつな》の時代からです。

北条早雲は、伊勢盛時《もりとき》を名のり、一介の浪人から身を起こして、戦国大名にまで成り上がったとされています。しかし、早雲は、室町幕府の政所執事《まんどころしつじ》を世襲する京都の名門、伊勢氏の出身です。

父の伊勢盛定《もりさだ》は、八代将軍足利義政《よしまさ》の申次《もうしつぎ》を務めており、早雲も九代将軍義尚《よしひさ》の申次でした。申次は、将軍の側近で、将軍の意思を守護に伝え、守護からの報告を将軍に取り次ぐ役です。

早雲の姉妹は、駿河守護の今川義忠《よしただ》に嫁ぎ、「北川殿」と呼ばれていました。義忠が、遠江《とおとうみ》に出陣して戦死すると、義忠の従兄弟《いとこ》小鹿範満《おしかのりみつ》が、義忠の子、氏親《うじちか》の後見として今川氏の実権を握ります。範満を支持していた太田道灌《どうかん》が、主君の上杉定《さだ》正《まさ》に暗殺されると、早雲は、甥の氏親を助けて範満を討ちます。この氏親が、後に桶狭間《おけはざま》の戦いで信長に討たれる義元《よしもと》の父です。

当時、伊豆は堀越公方《ほりごえくぼう》足利政知《まさとも》が支配していました。「公方」とはもともと将軍のことで、関東には京都の室町将軍に準ずる鎌倉公方が置かれていました。

政知は、六代将軍義教《よしのり》の子で鎌倉公方とされますが、関東を支配下に置くことができず、伊豆国の堀越にとどまったので「堀越公方」と呼ばれていました。一方、鎌倉公方足利基氏《もとうじ》の子孫である成氏《しげうじ》が下総国《しもうさのくに》古河《こが》にあって「古河公方」と呼ばれていました。鎌倉公方を補佐する関東管領《かんとうかんれい》上杉氏も、山内・扇谷《おうぎがやつ》の二家に分裂します。

政知は、将軍義尚の後継者にするため、子の清晃《せいこう》を上洛させ、その弟の潤童子《じゅんどうじ》を自分の跡取りとしました。ところが、日野富子《とみこ》が妹と義視《よしみ》の子である義材《よしき》（後の義《よし》稙《たね》）を支持したため、清晃は、将軍になれませんでした。

延徳《えんとく》三年（一四九一）四月、政知が死去すると、政知の庶子茶々丸《ちゃちゃまる》が潤童子とその母円満院《えんまんいん》を殺害し、堀越公方となります。

明応《めいおう》二年（一四九三）、京都では、細川政元が、突然、将軍義材《よしき》を攻めて幽閉し、還俗《げんぞく》して義遐《よしとお》と名のっていた清晃（後の義澄《よしずみ》）を十一代将軍につけました。これを明応の政変と言います。

●戦国大名第一号は誰か

早雲が茶々丸を討つため伊豆に攻め込んだのは、この明応の政変の直後です。家永遵嗣《じゅんじ》氏は、**早雲が新将軍義澄の母と弟を殺した仇《かたき》である茶々丸を討つ、という大義名分を掲げたのだと想定しています**（『室町幕府将軍権力の研究』）。**関東の情勢が、京都の室町幕府の動向と密接に関係していたのは事実でしょう。**

茶々丸を討った早雲は、伊豆を支配下に置いて韮山《にらやま》を本拠とします。このように、**幕府から守護職を与えられるのではなく、実力で、ある一定の領域を排他的に支配する者が戦国大名だと**言っていいでしょう。

その後、早雲は、小田原城を大森氏から奪い、関東管領の山内上杉氏や扇谷上杉氏とも対立するようになります。永正《えいしょう》十三年（一五一六）、早雲は、相模《さがみ》の三浦氏を滅ぼして、相模を手に入れます。こうして、早雲は、伊豆・相模の二国を治めることになります。

中央では、細川政元の死後、細川家の家督をめぐって高国《たかくに》と澄元《すみもと》が争い、追放された元将軍である義材が細川高国に擁立され、再び将軍になります。関東では、古河公方足利家の内紛は、足利高基《たかもと》が早雲に支持されて足利政氏《まさうじ》に勝利しますが、今度は高基の弟義明《よしあき》が下総《しもうさ》の小弓城《おゆみじょう》に入って対抗します。

応仁の乱以後の室町幕府は、京都でも関東でも内部抗争に明け暮れており、そのため、早雲のような者が地方で勢力を拡大し、なんらかの権威を後ろ盾にして戦国大名に成り上がっていく余地があったのです。

Q29 戦国時代の天皇はどうしていたのか?

―歴史のココをつかむ!― 葬儀費用と即位費用で見る天皇の貧困

●応仁・文明の乱で譲位もできず

称光《しょうこう》天皇の後、崇光《すこう》天皇の系統である伏見宮貞成《ふしみのみやさだふさ》親王の皇子彦仁《ひこひと》が践祚《せんそ》し、後花園《ごはなぞの》天皇になりました。後花園天皇の時代は、永享《えいきょう》の乱や嘉吉《かきつ》の乱などが起こり、室町幕府も動揺を繰り返していましたが、それでもまだ幕府に力はあり、朝廷の儀式も幕府の援助によって行っていました。

寛正《かんしょう》五年（一四六四）七月十九日、後花園天皇は、皇太子の成仁《ふさひと》親王（後土御門《ごつちみかど》天皇）に譲位しました。生前に自分の子に譲位し、院政を敷くのが中世の朝廷の慣行であり、後花園もそうしたのです。将軍は八代将軍義政《よしまさ》でした。この後土御門天皇から、天皇家の苦難の歴史が始まります（渡邊大門『戦国の貧乏天皇』）。

後土御門天皇が即位してすぐ、応仁・文明の乱が勃発します。京都は兵乱によって過半が焼失し、後花園上皇や後土御門天皇も御所を出て室町邸（将軍の邸宅）に避難せざるを得なくなりました。朝廷を支える公家《くげ》たちにも、自分の荘園のある地方に下る者が増えてきました。そのため、連綿と行われてきた朝廷の儀式や人事を行うことができなくなります。

後土御門天皇の即位後すでに二度の改元が行われていましたが、応仁三年（一四六九）には戦乱を鎮めるため三度目の改元を行おうとしました。ところが、多くの公家たちが地方に下向していたため、改元は難航しました。天皇の希望がなかなかかなえられなかったのは、譲位も同様です。後土御門天皇は、戦乱が長期化したため、天皇を辞めたいと口にするようになります。しかし、まだ皇太子も決めていなかったので、これは誰の賛同も得られませんでした。

足利義尚《よしひさ》が将軍になり、日野富子《とみこ》の兄勝光《かつみつ》が左大臣《さだいじん》になって政務を行うようになった時は、若宮（後の後柏原《ごかしわばら》天皇）に譲位して出家する決意を表明しますが、これもかないませんでした。

応仁・文明の乱終結後、後土御門天皇は、ようやく内裏《だいり》に戻ることになりました。しかし、内裏は焼失こそしていなかったものの、ずいぶんと荒廃していました。内裏の修繕費用として、朝廷では京都七口に関所を設けて通行税を取り、幕府も洛中洛外《らくちゅうらくがい》に棟別銭《むなべつせん》を賦課しました。こうしてようやく、内裏の修理が完成し、後土御門天皇は、念願の内裏に帰ることができたのです。

●なかなか葬儀ができなかった後土御門《ごつちみかど》天皇

明応《めいおう》九年（一五〇〇）九月二十八日、後土御門天皇は没します。

近衛政家《このえまさいえ》は、「譲位することもなく崩御なさったことは前例がない」と日記に書き留めています。**譲位を行うには多額な費用がかかり、朝廷には経済力がなく、幕府が積極的に援助してくれない限り、実現は難しかったのです。**一貫して譲位の希望を持っていた後土御門天皇でしたが、それがかなえられないうちに病にかかり、ほどなく没してしまったのです。

後土御門天皇の不幸はそれだけではありません。同年十月四日、後土御門天皇の御入棺の儀が執り行われ、「後土御門」の追号が贈られましたが、葬儀費用が工面できないため、なかなか葬儀が行われなかったのです。

月が改まった十一月八日、幕府がようやく銭一万疋《びき》を贈り、十一日に最低限の費用で後土御門天皇の葬儀が執り行われました。実に崩御後四十三日が経過していました。**自分の葬儀すらお金がないためになかなか行われなかった天皇は、後土御門が最初で最後です。**

●即位式に執念を燃やした後柏原天皇

しかし、後土御門は、まだよかったのかもしれません。

後土御門の第一皇子勝仁《かつひと》親王は、文明十二年（一四八〇）十二月、親王宣下《せんげ》を受けますが、その経費が足りないため、日野富子から銭二千疋を借りています。これは現在の費用にして二百万円ほどで、朝廷領の荘園の年貢で返済することにしました。

そして後土御門が没した後、すぐ践祚して後柏原天皇になります。ところが、即位費用が捻出できず、即位の礼ができませんでした。

文亀《ぶんき》元年（一五〇二）三月、朝廷は、幕府に命じて即位式の費用を出すよう命じます。その額は、五十万疋、現在の費用にして五億円ほどだったと言います。しかし、幕府も財政的に苦しく、当座納めたのは三千疋でした。

その後、各国に国役を課したり、戦国大名に献金を要請したりとずいぶん苦労します。そして、ようやく即位式ができたのは、践祚してから二十一年後の永正《えいしょう》十八年（一五二一）三月二十二日でした。

柏原が没したのは大永《だいえい》六年（一五二六）四月五日ですから、その生涯の大半は、即位式を行うためのものだったと言うことができます。もはや、譲位して院政を敷くなどということは、夢物語となっていました。

この頃から、諸国の戦国大名の位階が上がっていきます。さまざまな朝廷の儀式に献金を行った山口の戦国大名大内義興《よしおき》は、従三位に叙せられています。これは、さすがに公家たちの不興を買いました。

後柏原の後を継いだ後奈良《ごなら》天皇の時代には、肥後国人吉《ひごのくにひとよし》の相良《さがら》氏が「宮内少輔《くないのしょう》」をもらうなど、諸国の戦国大名が立派な官職を得るようになります。**大名だけでなく、その家臣までが「〇〇守《かみ》」などを名のる者が出るようになるのも、朝廷が献金によってそうした官途を与えたからです。**

天皇が与える官位は、朝廷財政やそれに関与する公家たちの生活を支える貴重な収入源となったのです。

Q30 鉄砲はどのように伝来したのか？

―歴史のココをつかむ！― 有力商品・鉄砲を見いだした種子島氏

戦国大名の戦いを大きく変化させたのは、鉄砲の伝来です。これによって、足軽による鉄砲隊が編成されることになり、鉄砲を大量に装備した大名が強大になっていくのです。

● 中国人「倭寇《わこう》」五峯《ごほう》という男

鉄砲が伝来したのは、薩摩《さつま》の大竜寺の僧南浦文之《なんぽぶんし》が種子島《たねがしま》氏に依頼されて書いた『鉄炮記《てつぽうき》』の記述によって、「天文癸卯《てんぶんみずのとう》」（一五四三年）とするのが通説です。

しかし、近年では、ポルトガル側の史料によって一五四二年説も出されています。いずれも後に成立した史料なので決め手に欠けますが、論争の中で重要な論点がいくつも提出されています。

『鉄炮記』には、種子島に大船が着き、乗っていたポルトガル人が鉄砲を伝えたという記事に続けて、この船には「大明儒生五峯《だいみんじゅせい》」が同乗していた、と書いています。この「五峯」は、日本・シャム（現タイ）・南海諸島間を往来していた中国人「倭寇」の王直《おうちょく》です。

倭寇は、日本人海賊を呼ぶ言葉ですが、当時、中国（明）は国家間の朝貢貿易以外は認めておらず、中国人商人が海外に出て貿易することを禁止していました。これを「海禁」と言います。この体制のもとでは、海外貿易に従事する中国人は存在しないことになり、そういう者たちが「倭寇」と呼ばれたのです。王直は、後に五島《ご　と》に根拠を築き、日本との貿易に従事する海商の巨頭でした。

●種子島は日本の貿易の最先端だった⁉

倭寇は、中国から東南アジアの港を往来し、平和的に貿易することもあれば、略奪することもありました。東アジアに到達したポルトガル人は、倭寇が創り上げていた貿易圏に参入することによって、貿易の利益を得ようとしたのです。したがって、**種子島に着いた大船は、ポルトガル船ではなく倭寇の船で、漂着したのではな**

く種子島をめざして来航した貿易船だと見ることができます。

受け入れたのは、薩摩の島津氏の家臣だった種子島時堯《ときたか》です。『鉄炮記』によれば、この頃、種子島氏は明への朝貢船を三艘《そう》派遣しています。そのうち二艘が入明し、のち王直を乗せて当時の日本最大の貿易港の一つである博多に行ったと言います。東京大学名誉教授の村井章介《しょうすけ》氏は、この船は朝貢に行ったのではなく、密貿易に従事して巨利を得たものだとし、これらの船の派遣主体は豊後《ぶんご》の大友義鑑《よしあき》ではないか、と推測しています。

これはまことに興味深い説で、そうであれば、種子島は当時の日本の東アジア貿易の最先端にあったことになります。種子島時堯が、ポルトガル人に多額の代価を払って鉄砲二挺《ちょう》を購入したのも、**ただ興味を持ったからではなく、これを作製して他の戦国大名に売ることによって利益を得ようとしたものだと考えられます。**実際、先の船の一艘は帰国の途中、嵐にあって伊豆に漂着するのですが、その船には鉄砲を持った種子島氏の家臣が乗っていて、関東に鉄砲を伝えた、とされます。

日本国内の鉄砲の伝播《でんぱ》の実態は不明なことが多く、朝鮮経由でも鉄砲が入ってきたともされます。

確かなことは、堺《さかい》や近江《おうみ》の国友《くにとも》村が鉄砲生産の中心地になったことです。博多と並ぶ貿易港だった堺でいち早く鉄砲生産が行われるのは、鉄砲が貿易ルートに乗って広まったことを示しています。つまり、**鉄砲が短期間のうちに全国に広まったのは、戦国大名間の交易の中で、鉄砲が有力な商品として取り引きされたためだった**と推測できるのです。

Q31 室町末期の日本や日本人はどのようだったのか?

―歴史のココをつかむ!―フランシスコ・ザビエルが見た日本社会

● フランシスコ・ザビエルの軌跡

種子島に鉄砲が伝えられた六〜七年後の一五四九年（天文十八）七月二十二日、イエズス会宣教師フランシスコ・ザビエルが鹿児島に上陸しました。ザビエルは、ナバラ王国（現在のスペイン）の王族の子で、イエズス会創立メンバーの一人です。一五四一年、リスボンを出発してアジアに向かい、一五四七年、マラッカで薩摩《さつま》出身のアンジロウという青年と会います。

ザビエルは、彼が旺盛な知識欲を持つことを知り、このような人物がいる日本は布教に適しているだろうと考え、鹿児島へ来たのです。

しかし、領主島津貴久《たかひさ》は、鹿児島での布教を禁じるようになり、ザビエルは京に向かいます。当初の目的である天皇に会うことはできず、室町将軍からは布教の許可をもらったとされますが、荒廃した京では布教ができないと考え、山口・豊後《ぶんご》などで布教し、一五五一年、仲間を残してインドに帰り、翌年、広東《カントン》付近で熱病のため死去しました。

●ザビエル「大書簡」に書かれた日本人

ザビエルが、一五四九年十一月五日、鹿児島から送った書簡は、「大書簡」と称され、珍重されました。この中には、当時の日本人の姿を伝える貴重な記述があります。

ザビエルは、日本人について、次のように述べています。

第一に、私たちが交際することによって知りえた限りでは、この国の人びとは今までに発見された国民のなかで最高であり、日本人より優れている人びとは、異教徒のあいだでは見つけられないでしょう。彼らは親しみやすく、一般に善良で、悪意がありません。驚くほど名誉心の強い人びとで、他の何ものよりも名誉を重んじます。大部分の人びとは貧しいのですが、武士もそうでない人びとも、貧しいことを不名誉とは思っていません。

ザビエルは、アフリカを経てインド、東アジアに至るまでに多くの国民・民族と出会っています。その中で、日本人が一番優れていると感じたのです。**善良だという以外にも、礼儀正しい、大多数の人が読み書きができる、盗みを嫌う、賭博《とばく》をしないことなどが特筆されています。**最大の特徴である名誉心が強いことに関しては、次のように述べています。

〔日本人は〕侮辱されたり、軽蔑の言葉を黙って我慢している人びとではありません。

日本人は、自分の名誉について敏感なので、軽蔑の言葉に我慢できない、というのです。これは、当時の日本の史料にも容易に見いだすことができる特性ですが、ヨーロッパ人から見ても突出していたのです。

またザビエルは、次のように、日本における社会秩序のあり方を高く評価しています。

武士以外の人たちは武士をたいへん尊敬し、また武士はすべて、その地の領主に仕えることを大切にし、領主によく臣従しています。彼らが臣従しているのは、もしも反対のことをすれば〔当然〕領主から罰を受けることになりますが、それよりも、臣従しなければ自分の名誉を失うことになると考えているためだと思います。

武士が尊敬され、個々の武士も主君である領主によく臣従しているのは、暴力によってそうさせているのではなく、それぞれの武士がそれを名誉だと考えているためだった、というのです。

これは興味深い観察です。ザビエルが日本に来た時代は、下剋上の風潮に代表される秩序が繚乱《りょうらん》した時代でしたが、一方で、主君に従うことが自分の名誉だという価値観も強く存在したのです。主君のために命を捨てて戦うのも戦国武士の習いであり、後に「忠義」と称される徳目は、すでにこの時期に武士に内面化された倫理でもあったのです。

Q32 川中島の戦いはどのようなものだったのか？

―歴史のココをつかむ！―『甲陽軍鑑《こうようぐんかん》』が伝えた当時の合戦

●激戦となった第四次川中島合戦

戦国大名とは、守護などの中央の官職ではなく、軍事的な実力で一国もしくはそれに近い領域を支配する武将を言い、かつての地頭などそれぞれの国に土着した「国人《こくじん》（国侍《くにざむらい》とも言う）」を家臣に組み込んでいました。その出自《しゅつじ》は、守護であったり守護代であったり国人であったり、さまざまです。独自の法である「分国法」を制定することもありました。戦国時代の合戦の特徴は、鉄砲・弓・槍などで武装する足軽などの下級武士を活用することにあります。

そして、その戦国大名の間でもっとも華々しい戦いとして記憶されているのが、武田信玄《しんげん》と上杉謙信《けんしん》による川中島の合戦です。

この合戦は、甲斐《かい》の信玄と越後《えちご》の謙信が北信濃《きたしなの》の領有をめぐって争ったもので、大きな戦いだけでも五回あり、最も激戦だったのが永禄《えいろく》四年（一五六一）の第四回の戦いです。

妻女山《さいじょさん》に進出した上杉勢一万三千に対し、信玄は、海津城《かいづ》（長野県長野市）に一万二千の軍勢を置き、自身は千曲川《ちくま》を渡った八幡原《はちまんばら》に陣を敷きます。

信玄は、海津城の軍勢で妻女山の背後を襲わせ、出てきたところを、八幡原の八千の軍勢で攻撃しようとしました。これがいわゆる信玄の軍師・山本勘助《かんすけ》が立てた「啄木鳥《きつつき》の戦法」です。

しかし、海津城の様子からその戦法を察知した謙信は、九月九日夜半、人馬音なく雨宮渡《あめのみやのわたし》を渡り、信玄の本陣からわずか二キロほどの川中島平に陣を展開しました。江戸時代後期の学者頼山陽《らいさんよう》が、その著書『日本外史』に「鞭声粛々《べんせいしゅくしゅく》、夜河《よるかわ》を過《わた》る」と書いたのは、この時のことです。

夜が明けると、信玄は、目前に上杉の大軍が出現したことを知ります。不意を突かれた武田軍は混乱し、激戦の中で信玄の弟武田信繁《のぶしげ》が討ち死にし、自らの戦術の敗北を知った山本勘助は配下の足軽隊を率いて本陣を守り、討ち死にしました。

その頃、ようやく武田の別働隊が八幡原に到着し、上杉勢を押し返します。劣勢となった謙信ですが、家臣が止めるのも聞かず、単騎、信玄の本陣に乗り込み、馬上から信玄に三太刀を浴びせました。信玄は、とっさに軍配《ぐんばい》でその太刀を受けます。中間頭《ちゆうげんがしら》の虎吉《とらよし》が槍で馬を突いたため、馬は謙信を乗せたまま走り去ります。信玄の軍配には、八つの刀傷があったと言います。

●山本勘助は実在したのか

この合戦の模様は、江戸時代初期の軍学者小幡景憲《おばたかげのり》がまとめた『甲陽軍鑑』に書かれています。この書物は、江戸時代によく読まれたので、川中島の合戦も有名なものとなります。ただ、それがどこまで事実を伝えているかについては、歴史家の中でも意見が分かれます。

特に、山本勘助については、その実在さえ疑う説もありました。勘助は、片眼、片足で、指も不自由な浪人で、今川家に仕えるため駿河《するが》に九年住みますが、仕官はかないませんでした。その噂《うわさ》を聞いた信玄が、勘助を甲斐に招き、二百貫の知行《ちぎよう》を与えて側近としたと言います。

その異形に加え、あまりに華々しい活躍をするため、架空の人物ではないかとさ

する生活

繰り返すまい。どんな小さなことでもいい。
どんなわずかなことでもいい。
多くの人びとの、このわずかなくふうの累積が、
大きな繁栄を生み出すのである。

――松下幸之助『大切なこと』PHP研究所より

●川中島の戦いにおけ

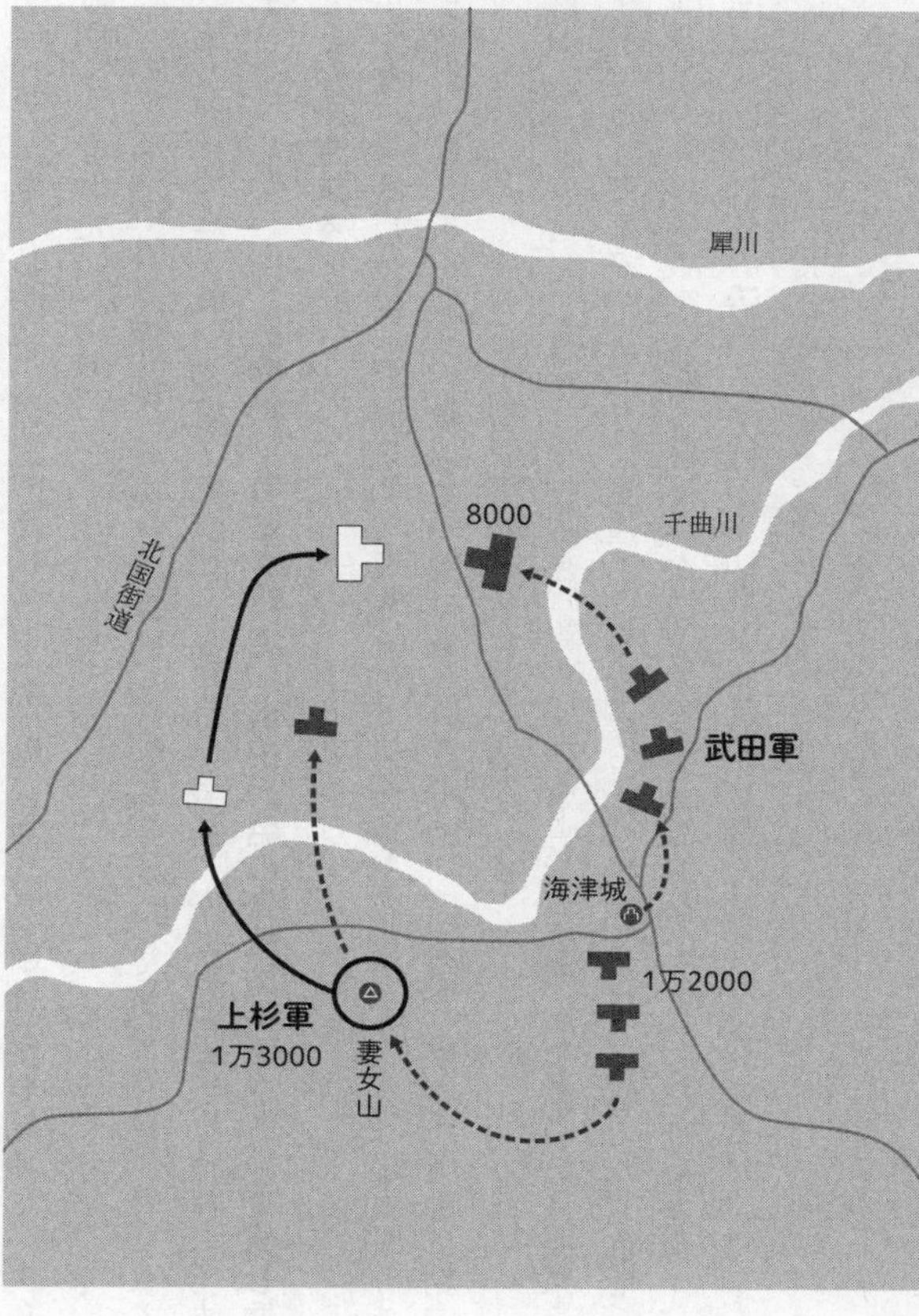

れていたのです。しかし、信玄の書状の中に勘助に言及するものが発見され、実在は証明されました。

もちろん、『甲陽軍鑑』に書かれる勘助の活躍が、すべて史実とは限りませんし、第四回川中島の戦いの時、実際に「啄木鳥《きつつき》の戦法」が行われたという確証もありません。しかし、**この書物があるお陰で、戦国大名の合戦は生彩をもって感じ取ることができます。**

川中島の合戦自体は、信濃をめぐる局地戦で、全国的な趨勢《すうせい》にはあまり関係がありません。むしろ、信玄、謙信といった戦国時代で一、二を争う武将が無駄に精力を使ったものとして、否定的な評価がされています。

しかし、謙信にしてみれば、「関東管領《かんとうかんれい》」である上杉家を継いだ者として関東を制覇するのは宿願で、信玄も信濃進出は当初からの戦略でした。こうした指向を持つ両者が川中島で激突せざるを得なかったのも、必然的なことだったと言えます。戦国大名は、自分の治める地域が大切で、誰もが京都をめざしていたわけではないのです。

第三章

近世の講義

織豊政権と徳川幕府が成立・崩壊した理由

六 安土桃山時代 織豊《しょくほう》政権の栄枯盛衰

Q33 桶狭間《おけはざま》の戦いで信長はなぜ勝てたのか？

――歴史のココをつかむ！ 戦略か幸運か？ 評価が分かれる理由

●桶狭間の戦いの実相

織田信長《のぶなが》が天下人へのステップを踏み出す跳躍台になったのが、駿河《するが》の強敵今川義元《よしもと》を破った桶狭間の戦いであることは周知のことでしょう。

永禄三年（一五六〇）五月、義元は信長の領地に対し、軍事行動を起こします。かつては上洛をめざした戦いだとされていましたが、現在では三河《みかわ》と尾張《おわり》の国境紛争だと考えられています。三河まで進出した義元が、信長の鳴海《なるみ》城や大高城封鎖に対して、鳴海城確保をめざして遠征してきた、ということです（藤本正行『桶狭間の戦い』）。

一方で信長にとってこの戦いは、運命を切り開くものでした。二万とも二万五千とも言われる大軍で迫る今川勢に、わずか二千の兵で立ち向かい、義元の首を取るという大勝利をあげたのです。この結果、今川氏から独立した松平元康《もとやす》（後の徳川家康《いえやす》）と同盟を結んで背後を固め、美濃《みの》攻めに専念できるようになりました。

桶狭間の戦いがあまりに劇的な大勝利であったために、この戦いは、数に勝る今川軍の油断を見透かした信長が、迂回して義元の本陣を奇襲し勝利を収めた、という見方が有力でした。

しかし、藤本正行氏は、信長が精兵二千を率いて間道を通り、義元の本陣のすぐ近くまで接近したとするが、二千もの兵がまったく見つからずにそこまで行けるとは考えられず、信長がそうした戦法をとる合理性はない、と疑問を呈します。そして、『信長公記《しんちょうこうき》』の記述を分析して、信長の奇襲はなく、正面から攻撃して今川軍を打ち破ったのだ、と結論しています。

確かに、この戦いの根本史料である『信長公記』（太田牛一《ぎゅういち》著）に、奇襲作戦のことは記されていません。『信長公記』の記述を簡単にたどっていきましょう。

今川軍が鷲津砦《わしづとりで》と丸根砦《まるね》を攻撃してきたという報告を受けた清洲《きよす》城の信長

は、「敦盛（あつもり）」を舞い、立ったまま湯漬けを食べて出陣する。

熱田（あった）神宮で後続の軍勢が来るのを待った信長は、佐久間信盛《のぶもり》が守る善照寺《ぜんしょうじ》砦に軍勢を集結させる。対する今川軍は、桶狭間山で軍勢を休息させていた。信長は、家老の止めるのを聞かず、善照寺砦から中島砦まで進出する。そしてここで、前方の今川軍に対して攻め込むよう訓示し、桶狭間山の山際まで軍勢を寄せていく。織田軍が進んでいる時、にわかに豪雨となる。雨があがると信長は、全軍に総攻撃を命じる。

すると、織田軍の決死の攻撃を受けた今川軍の先鋒《せんぽう》が、後ろにどっと崩れていく。これにつられて今川軍の陣形は崩れ、義元の本陣は退却を余儀なくされた。

進撃していった信長は、義元の塗輿《ぬりこし》がうち捨てられていることに気づき、「旗本はこれだ。これへ懸かれ!」と命じた。

義元の本陣は、三百騎ばかりが義元を囲み、まん丸になって退却していた。大将を討ち取られないよう、決死の家臣たちが本陣から次々に踏みとどまって五度まで防戦した。義元を守る家臣が五十騎ばかりとなると、信長は馬から降り、小姓たちとともに先を争って戦った。そして毛利新介《もうりしんすけ》という者が義元を斬

●織田軍・今川軍の進軍図

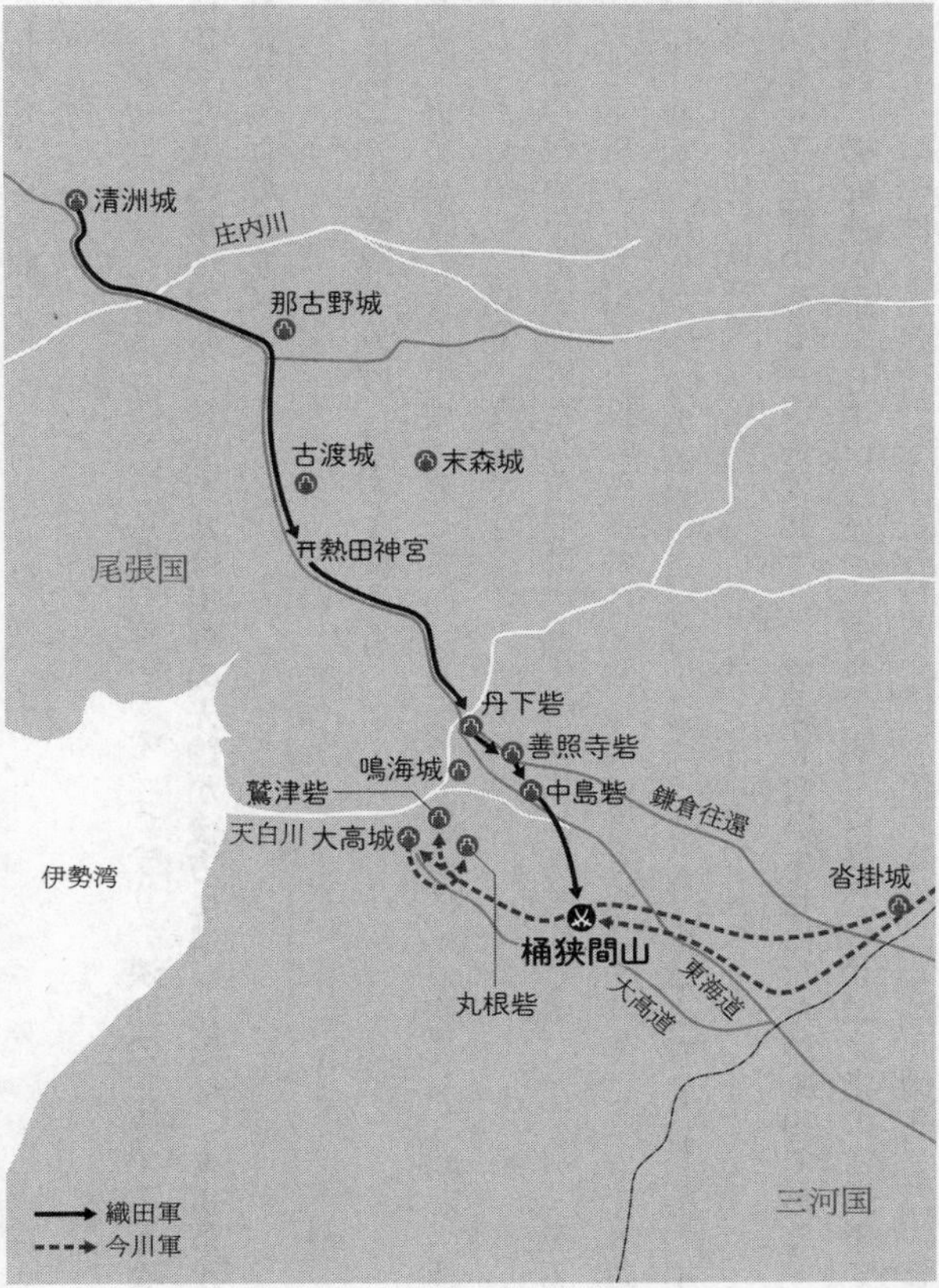
清洲城
庄内川
那古野城
古渡城
末森城
熱田神宮
尾張国
丹下砦
善照寺砦
鳴海城
中島砦
鎌倉往還
鷲津砦
天白川
大高城
沓掛城
伊勢湾
桶狭間山
東海道
大高道
丸根砦
三河国
織田軍
今川軍

り伏せ、首を取った。

これが、『信長公記』の語る桶狭間の戦いです。つまり、**決死の覚悟で正面攻撃をはかった織田軍に対し、ひるんだ今川軍の先鋒が後方に退《の》いたため、今川軍が総崩れになったのです。**

●時には運が勝敗を分け、歴史を変える

素直に史料を読むと、小細工をせず一か八かの大勝負に出た信長の作戦が、運よく当たったもの、と見ることができます。

桶狭間の戦いを奇襲作戦としたのは、近代の陸軍参謀本部です。わずか二千ほどの兵で二万以上の今川軍を打ち破るのは、常識では考えられません。そのため参謀本部は、勝利には何らかの要因がなくてはならないと考え、『甫庵信長記《ほあんしんちょうき》』（小瀬甫庵著）の記述に従って、奇襲戦法がとられたとしたのでしょう。

史料として定評のある『信長公記』と、虚実をないまぜにした読み物である『甫庵信長記』の記述が齟齬《そご》していれば、『信長公記』に従うのが歴史学の常道です。

しかし、その頃は、『信長公記』の史料的な価値があまり高くは評価されていませ

んでした。特に、桶狭間の戦いを記している首巻《しゅかん》は、桶狭間の戦いを天文《てんぶん》二十一年（一五五二）五月と、八年も前にしているので、その記事が信用できないと考えても無理はありません。

その上、馬鹿正直な正面攻撃では、軍略にもならず、数に勝る今川軍に跳ね返されるのが普通です。参謀本部が、その矛盾をなんとか解決しようとして、『甫庵信長記』の記述によって奇襲説を創り上げたのも無理からぬところでしょう。

しかし、実際の戦いでは、それが功を奏して、想定外の大勝利を収めるということも起こらないとは言えません。信長は、義元がどこにいたかを正確には知らなかったはずです。間道を通って義元の本陣を襲うというような作戦は、とれるものではありません。戦いの中で乗り捨てられた塗輿を見たから、義元を追ってその首を取ることができたのです。これは、ある意味で偶然の結果でした。

もしこの戦いで信長が敗れていたら、信長の天下統一事業はなかったでしょうし、天下統一の歩みもずいぶん変わっていたはずです。その意味では、大きな意義を持つ戦いですが、信長の勝利は決して必然的なものではありません。時には、運が勝敗を分け、その後の歴史を大きく変えることもあるのです。

Q34 長篠《ながしの》の戦いの「鉄砲三段撃ち」の実態とは？

―歴史のココをつかむ！―『信長公記《しんちょうこうき》』と『長篠合戦図屏風《かつせんずびょうぶ》』で謎を解く

●鉄砲三段撃ちはあったのか

長篠の戦いは、織田信長が鉄砲を有効に使って勝利したことによって、戦国時代の画期になる戦いとされています。

まず、この戦いについて説明しておくと、天正《てんしょう》三年（一五七五）三月下旬、甲斐《かい》の武田勝頼《かつより》が三河《みかわ》に侵攻し、徳川家康方についた奥平定昌《おくだいらさだまさ》が守る長篠城（愛知県新城市）を包囲したことに始まります。まだ弱小な戦国大名である家康は、単独では武田勢と対抗することはできず、同盟を結んでいた信長に援軍を要請します。五月十三日に岐阜城を出た信長は、家康勢と合流し、長篠城付近の設楽《したら》が原《はら》に陣を据えます。そしてここで、織田・徳川連合軍と武田軍の決戦が行われることになります。

この決戦で、信長は三千挺《ちょう》の鉄砲を準備し、馬防ぎの柵の後に鉄砲隊を千挺ずつ三列に配置し、それを順番に撃たせることによって、武田騎馬軍団に壊滅的な打撃を与えた、とされてきました。

これに対して藤本正行氏は、三千挺三段撃ちは「完全な創作」であるという説を提出しました。これが史料的価値の劣る『甫庵信長記《ほあんしんちょうき》』に書かれている話であること、『信長公記』では諸手《しょて》から集めた鉄砲千挺と書かれていること、三千挺もの鉄砲で三交代の射撃を混乱なく実行することは容易ではないこと、などから、そうした戦術はとられていないことを主張したのです。

●長篠の戦いの実体

藤本氏の説はおおむね認められていましたが、長篠の戦いを再検討した平山優《まさる》氏は、藤本氏の説に批判を加えました。

平山氏は、三列の意味だと考えられてきた「三段」という言葉を、配備された部隊のことと解釈し、三カ所に配備された部隊が、交互に鉄砲を放ったのではないか、と推測しました。しかし、その後、藤本氏が『再検証長篠の戦い』で批判したように、実は「三段撃ち」という言葉はどの史料にもありません。『甫庵信長記』には、「諸手のぬき鉄砲三千挺に、（中略）間近く引き請け、千挺宛放ち懸け、一段《ひとだん》づつ立ち替わり立ち替わり打すべし」とあり、これは三千挺の鉄砲を三列にして撃ったとしか解釈できません。

後に成立する『総見記《そうけんき》』に「千挺づゝ三替りにして的《てき》を狙ひ、間近く引き付け放つ可《べ》し」とあるのがそれに近い表現ですが、これも「三段」とは書いていません。したがって、三カ所に部隊を配備したというのは誤りです。

史料的価値が認められている『信長公記』には、「鉄炮千挺ばかり」と書いてあり、鉄砲が三千挺あったというのも、史料的には実証された話ではありません。岡山大学附属図書館「池田家文庫」の太田牛一《ぎゅういち》自筆本には、「千挺」の横に「三」という文字が加筆されているのですが、これは太田牛一が書いたのか、後世の人が『甫庵信長記』などを見て書き加えたのか、どちらかわかりません。

ちなみに、『長篠合戦図屏風』には、二列で鉄砲を放っている部隊が書かれていますが、一列で放っている部隊もあり、すべて二列や三列で一斉に鉄砲を放ったとも思えません。

●武田家の騎馬軍団

黒澤明監督の映画『影武者』や、NHKの大河ドラマなどで、疾駆《しっく》する騎馬武者の集団が鉄砲で打ち倒されるシーンは、我々にすり込まれています。しかし、この

長篠合戦図屏風（部分・犬山城白帝文庫所蔵）

頃の騎馬武者は、多くの歩兵とともに戦うものでした。

藤本氏は、武田軍の騎馬軍団というイメージに検討を加え、宣教師ルイス・フロイスの、「われらにおいては、馬（上）で戦う。日本人は戦わねばならぬ時には馬からおりる」（『日本覚書』）などの記述を下敷きに、武田軍も、少数の騎馬武者が多数の歩兵を率いるものだった、としています（『長篠の戦い』）。

これに対して平山氏は、武田軍にかなりの密度を誇る騎馬衆が存在したことは否定できない、とします。信長は、武田軍の騎馬隊を警戒して「馬防ぎ」のための柵を作らせているのですから、武田家の騎馬衆が脅威だったのは確かでしょう。

フロイスの記述では、日本では馬を降りて戦うと書いていますが、彼が見たのは九州や畿内など西日本の武士の戦いです。確かに、東国の戦いの実相は知りません。東国では、鎌倉武士以来の騎馬戦法が中心的だったということは十分に考えられることです。戦国時代の戦いには、ずいぶんと地域差があったのです。

平山氏は、当時、鉄砲で備える敵に対して騎馬で戦いを挑むのは、それほど珍しい戦法ではなかったとしています。つまり、武田軍は、勝てると思って騎馬の武士を繰り出したのだと言うのです。

これに対して藤本氏は、長篠城を救援した織田方の軍勢が背後から武田勢に迫ったため、やむなく勝頼は騎馬衆を信長方の本陣に向けて突撃させたのだと考えます。『信長公記』には、「前後より攻められ、御敵も人数を出だし候」とあるので、これは説得的な推論です。

自慢の騎馬衆を繰り出した勝頼ですが、無傷の織田・徳川連合軍の鉄砲の数は、武田軍が経験したことのないようなものでした。武田軍から、一番に山県三郎兵衛《やまがたさぶろべえ》、二番に逍遥軒《しょうようけん》というように波状的に騎馬の武士が突撃していったのですが、**馬防ぎの柵の中から鉄砲で応戦する織田・徳川軍に肉薄することができず、結果的に大損害を被った、というのがこの戦いの実体のようです。**

ちなみに、騎馬の武士には馬の口取りや鎗脇《やりわき》と言われる死角を守る徒歩《かち》の兵がついているのが常識です。騎馬の武士だけが一団となって疾駆、突撃するわけではありません。そうした様子は、時代が下っても知られており、『長篠合戦図屏風』などを見てもそうした兵たちが描かれています。

この戦いで信長は、武田軍が崩れるまで騎馬の武士を柵から出す必要がないほどの大勝利を上げました。これは、**堺《さかい》や近江国友《おうみくにとも》のような鉄砲の生産地を押さえた信長の勝利と言っていいでしょう。かつての通説で言われてきた「三段撃ち」という信長の「天才的な戦術」などによるものではなく、鉄砲の物量差が物を言ったのです。**

Q35 本能寺《ほんのうじ》の変に黒幕はいたのか？

―歴史のココをつかむ！― 明智光秀《あけちみつひで》単独説と黒幕説

●本能寺の変の黒幕説

天正《てんしょう》十年（一五八二）六月二日未明に起こった本能寺の変は、明智光秀が主君信長を討ったクーデターです。あまりに唐突に行われたため、光秀の意図や背後の人物などがいろいろと穿鑿《せんさく》されています。

近年では、三重大学教授の藤田達生《たつお》氏が、足利義昭《よしあき》黒幕説を提出しています（『謎とき本能寺の変』）。史料に基づいて提出されたものでしたが、この説は、藤本正行氏や谷口克広《かつひろ》氏によって史料解釈の誤りを指摘されています。

信長が討たれて最も喜ぶのは、天正四年（一五七六）から毛利氏を頼って備後《びんご》の鞆《とも》（広島県福山市）に居所を移していた足利義昭ですから、疑われるのも無理はないのですが、義昭にそんなことをする力はなかったでしょう。

義昭は、信長が死んだことを知って、諸方に自分の入洛《にゅうらく》を計らってほしい、と要望しています。六月十三日付けで小早川隆景《こばやかわたかかげ》の重臣乃美宗勝《のみむねかつ》に送った御内書《ごないしょ》（将軍の発給する薄礼の書状）では、「信長を討ち果たしたからには、入洛のことを確かに助力するようにと、毛利輝元《てるもと》・小早川隆景に申し遣わしたので、この節にいよいよ忠功を果たすことが肝要で、もし実現すれば恩賞を与える」と書いています（「本《ほん》法寺文書《ぼうじもんじょ》」）。

藤田氏は、これを義昭自身が信長を討たせたことを告白していると解釈するのですが、光秀が信長を討ったことをそう書いただけでしょう。**もし事前に義昭と光秀が連絡を取り合っていたとしたら、光秀自身がそれを宣伝するはずなのですが、そうした動きはなく、光秀は孤立していきます。**

このほか、正親町《おおぎまち》天皇やイエズス会、はては羽柴秀吉《はしばひでよし》まで、黒幕説はさまざまです。しかし、**信長をパトロンとしていた天皇やイエズス会が、信長を討つはずはありません。結局のところ、光秀が単独で信長を討った、というのが、一番自然な解釈です。**

●フロイスが語る明智光秀の裏切りの要因

それでは光秀は、なぜ謀叛《むほん》を起こしたのでしょうか。

信長の仕打ちに対する怨恨《えんこん》説、領地丹波《たんば》を取り上げられることに危機感を持ったという説、天下が欲しかったという野望説、最近では信長の四国政策転換による板挟み説などが提出されています。

現在は、光秀も天下人の野望を持っていたとする説が有力なようです。しかし、古くからある説ですが、桑田《くわた》忠親《ただちか》氏がフロイスの『日本史』五六章によって主張された怨恨説は無視できないと思います。

> これらの催し事（安土を表敬訪問した家康への接待）の準備について、信長はある密室において明智と語っていたが、元来、逆上しやすく、自らの命令に対して反対意見を言われることに堪えられない性質であったので、人々が語るところによれば、彼の好みに合わぬ用件で、明智が言葉を返すと、信長は立ち上がり、怒りをこめ、一度か二度、明智を足蹴にしたということである。だが、それは密《ひそ》かになされたことであり、二人だけの間での出来事だったので、後々まで民衆の噂《うわさ》に残ることはなかった。

この事件をフロイスに教えたのは、イエズス会の教会によく出入りしていた織田信孝《のぶたか》だったと推測されています（桐野《きりの》作人《さくじん》『織田信長』）。確かに、フロイスがまったくの想像で書いたものとは思えません。光秀が謀叛を起こすにあたっては、重要な契機になるものだと思います。

フロイスは、謀叛直前の光秀の行動については次のように書いています。

聖体の祝日《コルプス・クリスティ》の後の水曜日の夜、同城に軍勢が終結していた時、彼はもっとも信頼していた腹心の部下の中から四名の指揮官を呼び、彼らに対し短く事情を説明した。とりわけ彼は自らを蹶起させるやむを得ぬ事情と有力な理由があったので、信長とその長男を過つことなく殺害し、自らが天下の主になる決意であることを言い渡した。そして、そのために最良の時と、この難渋にして困難な仕事に願ってもない好機が到来していることを明らかにした。すなわち、信長は兵力を伴わずに都に滞在しており、かような（謀叛に備えるような）ことには遠く思い及ばぬ状況にあり、兵力を有する主将たちは毛利との戦争に出動し、さらに彼の三男は一万三千、ないし一万四千の兵を率いて四国《シコク》と称する四ヵ国を征服するために出発している。かかる幸運に際しては、遅延だけが考えられるなんらかの心配の種となりうるであろう。すでに危険を家来たちに託し、この計画を明白に打ち明けたからには、彼らに与えられるべき報酬は、特に彼らから期待される勲功と協力にすべて準じ、対応したものになるであろう、と語った。

光秀は、自分の決心を誰にも打ち明けていなかったのだとしています。確かに、従軍していた武士の中でも、京都で家康を討つのだと思っていた者もいました（『本城惣右衛門《ほんじようそうえもん》覚書』天理大学所蔵）。

●光秀の誤算とは何だったのか

光秀の謀叛が成功したのは、フロイスも書いているように、信長が京都に、小姓を中心としたごく少数の家臣しか連れてこなかったためでした。これは油断というより、信長の直属家臣団の編成に問題があった、と言うべきでしょう。

戦闘のたびに、馬廻《うままわり》の有力家臣は前線司令官として自立し、与力《よりき》大名を付属され、さらに自身の家臣を召し抱え、軍団を形成していきます。信長の直轄軍団は、そのたびに有力な指揮官が離脱し、常に周囲にいる者はそれほど多くなかったのです。

しかし、信長を討つことはできても、その後の見通しがなければ、どうしようもありません。光秀とすれば、婿《むこ》の細川忠興《ただおき》やその父長岡藤孝《ふじたか》、筒井順慶《じゅんけい》など、協力者があるものと思っていたのでしょう。しかし、いくら下剋上の時代とは言え、大義名分がなければ謀叛人に協力する者はそれほどいるわけではありません。

中国地方で毛利氏と対峙《たいじ》している羽柴秀吉の「中国大返し」がなければ、もう少し持ち堪《こた》えられたかもしれません。その場合、光秀は、各地で織田軍団と戦っている戦国大名と連携し、足利義昭を擁立して正当性を獲得しようとしたでしょう。

しかし、そうしたことを試みる暇もないまま、四国攻めを行うため、大坂にいた織田軍団を加えた秀吉の軍勢と対決することになったのです。

Q36 最後の室町将軍、足利義昭《よしあき》はなぜ追放されたのか？

――歴史のココをつかむ！――二百年以上続く将軍家の意地

● 信長に擁立された十五代将軍の願いとは？

室町幕府最後の将軍は、十五代足利義昭です。奈良・興福寺《こうふくじ》一条院の僧となっていましたが、兄の十三代将軍義輝《よしてる》が三好三人衆《みよしさんにんしゅう》に殺害されたため、脱出して還俗《げんぞく》します。

将軍家再興のため越前《えちぜん》の朝倉義景《よしかげ》らに頼りますがうまくいかず、新興勢力だった織田信長に奉じられて永禄《えいろく》十一年（一五六八）九月上洛を果たし、十五代将軍になりました。

義昭の願いは、足利家の再興にあったのですから、信長の傀儡《かいらい》ではあれ、将軍の地位を保っていれば、それでよかったように思います。

しかし、義昭は、実質的な将軍権力の再興をはかろうとします。諸国の戦国大名に御内書《ごないしょ》を発給し、自由に号令をかけようとしました。

そのため永禄十三年（一五七〇）正月二十三日、信長は義昭に、諸国に御内書を出す時は自分に知らせた上で出すようにと通告しました。義昭としては、将軍として当然のことだと考えていたのでしょうが、信長にとってみれば義昭が勝手に御内書を出すのは困ります。**信長が義昭に期待したのは、信長に政治を任せ、将軍として朝廷に奉仕することだったからです。**

義昭自身には直属の軍事力はほとんどないので、信長に対抗できるはずもありません。しかし義昭は、将軍として諸国の戦国大名に命令を出せば、信長を追放できると考えたようです。

●敗北して諸国を流浪した足利義昭

元亀《げんき》三年（一五七二）十月、甲斐《かい》の武田信玄《しんげん》が、義昭の呼びかけに応え、軍事行動を開始します。十二月には三方《みかた》ヶ原《はら》の戦いで織田・徳川連合軍を撃破しました。こうした結果を受け、翌年二月、義昭は反信長の兵を挙げますが、信玄の死を知ってすぐに講和します。しかし、なぜか七月には再び山城国槇島城《やましろのくにまきしま》に拠《よ》って挙兵しますが、すぐに攻め落とされます。

信長は、「それほどのご不足もないのに、程なく恩を忘れて敵対されたので、ここで御腹を召させようとも思うが、天命が恐ろしく」（『信長公記《しんちょうこうき》』巻六）として、義昭を追放するにとどめました。

信長の力からすれば、義昭に切腹を強要することも可能だったでしょう。しかし、当時の観念では、将軍の地位にある者を殺すことは、やはりためらわれることだったのです。

それにしてもなぜ義昭は、執拗《しつよう》に信長を排除しようとしたのでしょうか。信長は義昭の将軍の地位は認めているのですから、「それほどの不足もない」はずです。

信長の傀儡として、室町幕府を存続させていけば、それでよかったのではないでしょうか。

そうできなかったのは、**やはり義昭の将軍としての強烈な自意識のせいでしょう。**我々は、結果を知っているので義昭の行動を不思議に思うのですが、衰えたりとはいえ室町幕府は、十四世紀から二百年以上続く武家の政権です。将軍となった以上、自分の命令には誰もが従うべきだと義昭が考えていたとしても、不思議はありません。

その結果、義昭は京都を追放され、紀州あたりを流浪した後、毛利氏に保護され、なお信長への攻撃を毛利氏に執拗に要求することになります。この頃、備後国《びんごのくに》の鞆《とも》にいたので、これを「鞆幕府」という研究者もいますが、実質的な力はまったく持っていません。

名目的な地位にいることで満足すれば、信長の築いた京都の将軍御所にいつまでもいられたはずなのに、将軍であることにこだわったばかりにかえって自分を窮地に追い込むことになったのです。義昭が、そうした観念から解放されてようやく京都に帰るのは、豊臣秀吉が九州の島津氏を服属させた後の天正十五年（一五八七）暮れのことでした。

Q37 秀吉はどうして関白に任官できたのか？

―歴史のココをつかむ！― 関白をめぐる大臣たちの思惑

●五摂家《ごせっけ》の内紛

天正《てんしょう》十三年（一五八五）七月、秀吉は従一位関白に叙任されます。臣下としては最高の位階であり、役職でした。秀吉はどうして関白に任官することになったのでしょうか。

この年の二月、関白に二条昭実《あきざね》が任命され、右大臣《うだいじん》だった近衛信輔《のぶすけ》が左大臣《さだいじん》に、菊亭晴季《きくていはるすえ》が内大臣から右大臣に昇任しました。そして空席となった内大臣に、大納言だった秀吉が就きました。

大臣のポストは、常置のものとしては左大臣、右大臣、内大臣の三つしかなく、関白はこのいずれかの大臣のうちから任命される慣行でした。

この頃、秀吉は、四国攻めを行っています。秀吉自身が四国に渡海して全軍の指揮をとろうと考えていましたが、次期天皇に予定されていた誠仁親王《さねひと》（後陽成天皇《ごようぜい》の父）は「昇進もあるので、これまでとは違います」とそれを止めています。朝廷では、秀吉をさらに高い官位に任命しようと考えていたのです。

秀吉が昇任するとすれば右大臣ですが、右大臣は信長が就いていた官職で、本能寺の変で横死したので凶例です。そのため、秀吉は左大臣を望んでいました。ところが左大臣は、昇進したばかりの近衛信輔です。秀吉に左大臣の位を譲ると、関白の位に就かないまま「前官」、つまり前左大臣となってしまいます。信輔にはこれが耐えられませんでした。

そこで**信輔は二条昭実に、関白を譲ってくれるよう再三頼みました。しかし昭実は、二条家には関白になって一年もたたないうちに職を辞すというような先例はない、として断りました。このため両者は争論となります。**

朝廷のことを任せていた前田玄以《げんい》からこれを聞いた秀吉は、自分が関白を受けようと言い、玄以に近衛龍山《りゅうざん》（前久《さきひさ》）・信輔父子に交渉するよう命じました。当然のことながら信輔は、「関白は、平安時代の藤原基実《もとざね》公以来、五摂家以外の者が望む職ではない」と言下に拒否します。

すると秀吉は、「自分が龍山の猶子《ゆうし》となり、関白職は将来信輔に渡す、また御礼として近衛家に千石、他の四摂家に五百石ずつ家領として進呈する」という条件を出してきました。

秀吉が低姿勢でいるうちに答えを出さないとまずいと考えた龍山は、関白職を秀吉に譲るよう信輔を説得します。

●関白職には信長が就く予定だった⁉

こうして七月一日、秀吉は関白に任じられました。近衛家と二条家の争論から起こった結果であって、まさに瓢簞《ひょうたん》から駒《こま》のような話です。

武家が関白に任じられるのは、当然初めてのことです。しかし、朝廷は、信長に関白職を提示したことがありました。天正十年（一五八二）四月、朝廷は、甲斐《かい》の武田勝頼《かつより》を滅ぼした信長に対し、安土《あづち》に使者を派遣し、「関白か太政大臣か将軍か、いずれの職にでも任じよう」と働きかけているのです。

この時の朝廷の考えは将軍だったようですが、信長が関白を望めばそうなったはずです。この時、信長は、態度を明確にしませんでした。まだ全国統一を果たしていない信長にとって、関白や将軍がそれほど意味のあるものとは思えなかったのでしょう。

その年五月末、中国の毛利攻めを行うため上洛した信長は、朝廷の打診に対して正式な返答をするはずでした。ところが本能寺に宿泊していた信長は、六月二日未明、家臣の明智光秀に攻められて死にます。そのため信長の答えは永遠の謎となったのです。

こうした経緯もありましたから、朝廷にとって秀吉を関白に任じることは、まったく想定外のこととも言えなかったと思います。

信長は官職にあまり意味があるとは思っていなかったようですが、秀吉は違います。利用できるものは利用するというのが秀吉の発想でした。

当時、秀吉は羽柴《はしば》を名字にしていました。近衛家の猶子になったため、本姓は藤原です。しかし、関白に就任したことから、新しい本姓を創出することにしました。これが「豊臣《とよとみ》」の姓です。

Q38 戦国大名を恐れさせた国一揆《くにいっき》とは？

一歴史のココをつかむ！一 命よりも大事な「本領安堵《ほんりょうあんど》」

● 佐々成政《さっさなりまさ》に反抗した肥後《ひご》の国一揆

天正《てんしょう》十五年（一五八七）五月八日、島津義久《よしひさ》が秀吉の本陣、泰平寺《たいへいじ》に出頭したことによって、九州は豊臣政権の征圧するところとなりました。肥後一国は佐々成政に、筑前《ちくぜん》一国と筑後《ちくご》・肥前《ひぜん》の各二郡が小早川隆景《こばやかわたかかげ》に与えられました。黒田孝高《よしたか》には、豊前国《ぶぜんのくに》六郡が与えられています。新しく九州に領地を与えられた者たちは、占領軍として領地に対することになります。

当時、それぞれの国には、「国侍《くにざむらい》」（「国人《こくじん》」「国衆《くにしゅう》」とも言う）と呼ばれる武士たちがいました。

彼らの多くは、もとは鎌倉時代の御家人《ごけにん》の一族で、地頭職などを与えられてその地に土着し、領主として一城を構える者たちでした。また、楠木正成《くすのきまさしげ》のような非御家人の地侍《じざむらい》、いわゆる「悪党」の末裔《まつえい》もあったでしょう。彼らは、それぞれの国を治める守護大名や戦国大名の家臣となって、戦国時代を生き抜いてきました。

信長の時代にも、国侍への対応は重視されていました。越前《えちぜん》に占領軍として入る柴田勝家《かついえ》に対し、「国に立て置く諸侍を恣《ほしいまま》に扱わず、懇《ねんご》ろに対処せよ」と命じています（「越前国掟」）。**どこの国にもそうした侍がおり、本領を安堵されれば、新しい国主に従ったのです。**

ところが佐々は、肥後に入って早々に検地を行います。すると、それに反発した国侍の隈部《くまべ》親永《ちかなが》が反抗し、山鹿《やまが》の城に立て籠もりました。安堵された本領に検地を受けるいわれはない、と言うのです。

佐々は、山鹿城を攻めますが落とすことはできず、そうしているうちに国侍たちが次々に蜂起していきます。こうした国侍たちの蜂起を「国一揆」と呼びます。「一揆」は「揆を一にする」(道を一つにする)という意味で、「土《ど》一揆《いっき》」は土豪や民衆、「一向一揆」は一向宗宗徒の組織を指しますが、それらの組織が権力者に対して抵抗運動をするので、武装蜂起を「一揆」と呼ぶようになりました。

筑前の小早川隆景を始め、立花宗茂《むねしげ》、黒田孝高らが援軍を出し、翌年正月、ようやく国侍たちを鎮圧することができました。

降伏した国侍たちは、「天下に背いたつもりはなく、ただ国主の佐々の政治が非道なので抵抗したのです」と弁明しましたが、秀吉は彼らをことごとく殺し、佐々も尼崎《あまがさき》で自害させました。喧嘩《けんか》両成敗ということだったのでしょう。空白となった肥後は、半分に分け、加藤清正《きよまさ》と小西行長《ゆきなが》に与えられました。

●黒田家の豊前でも国侍が蜂起

前項で肥後に向かった黒田孝高ですが、自分の領地である豊前でも国侍たちが蜂起することになります。

留守を守っていたのは、まだ二十歳だった嫡子の長政《ながまさ》です。

まず蜂起したのは、如法寺孫二郎《にょほうじまごじろう》という者でした。長政は、「この一揆に打ち負けたら、父が骨を折って拝領した領地を治めることができないということになり、家の面目を失う。自分もその方どもも身の浮沈はただこの時にある」と家臣を叱咤《しった》激励し、多大の犠牲を払って討ち取ります。

次いで、築上《ちくじょう》郡の城井谷《きいだに》を根拠にしていた城井鎮房《きいしげふさ》が、城井谷に立て籠もって反抗します。城井氏は、秀吉に服属した後、本領を取り上げられることになり、毛利吉成《よしなり》の領地に引き取られていたのですが、孝高が豊前を離れたことにより、本領を回復するため、もともとの根拠地に立て籠もったのです。

城井氏は、もと下野国《しもつけのくに》（栃木県）の宇都宮氏の一族で、豊前国に地頭職を与えられ、在地に根付いた国侍でした。この地域は、守護である大友義鎮《よししげ》（宗麟《そうりん》）の勢力下なので、名前に「鎮」の字がつくのは城井氏が大友氏の家臣になっていたことを示しています。

城井谷は、攻める道が谷底の一本の道しかない要害でした。長政は、無理に攻め込もうとしますが、反撃を受け、一時は討ち死にする危険もあったようです。ほかにも反抗する者が続出したのですが、毛利氏の援軍もあって鎮圧し、鎮房も人質を提出して降伏を申し出ました。

鎮房が、中津《なかつ》城の長政に挨拶《あいさつ》に行った時、長政は、酒を勧めると見せかけて、鎮房を討ちます。『黒田家譜《かふ》』には、鎮房自身が陰謀を構えて兵を連れて中津に来たと書いていますが、おそらくはそうではなく、服属してきた鎮房を騙《だま》し討ちにしたものでしょう。

鎮房の家臣たちの一部は、合元寺《ごうがんじ》という寺に立て籠もって抵抗しました。その戦いで、門前の白壁は彼らの血で真っ赤に染まりました。その後、この壁は白く塗り直されますが、何度塗り替えても血痕が浮かんでくるので、ついに赤壁に塗ったという伝説があります。

こうした話が出てくること自体、鎮房とその家臣たちの恨みを恐れていたことを示しており、黒田家が後ろめたさを感じていたことを物語っていると思われます。

Q39 秀吉の「惣無事令《そうぶじれい》」（私戦禁止令）とは？

—歴史のココをつかむ！—ゆるがなかった秀吉政権の政策基調

●惣無事令の記述

「惣無事令」とは、秀吉が戦国大名に発令した停戦令です。秀吉は、武力で各地の戦国大名を征服していったのではなく、関白の立場で戦国大名の戦いを「私戦」として否定し、全国統一を行ったという歴史理解のキーになる歴史用語です。平成二十二年度版の山川出版社の高校教科書『詳説日本史』には、「惣無事令」について、次のように記述されていました。

関白になった秀吉は、天皇から日本全国の支配権をゆだねられたと称して、全国の戦国大名に停戦を命じ、その領国の確定を秀吉の裁定にまかせることを強制した（惣無事令《そうぶじれい》）。

このように、「惣無事令」は確かに存在すると考えられ、教科書の記述にも載せられた通説だったのです。

ところが、平成二十五年度版の『詳説日本史』からは、（惣無事令）が削除されました。もっとも、注には「この政策を惣無事令と呼ぶこともある」と付け加えられていますが、これは「惣無事令」がなかったという研究が出たことによる事実上の訂正です。

秀吉の政策基調としての「惣無事令」を発見したのは、藤木久志氏でした（『豊臣平和令と戦国社会』）。これによって、高校教科書の多くに、「惣無事令」という歴史用語が採用されました。

ところが、天正《てんしょう》十一年（一五八三）十一月十五日付け北条氏政《うじまさ》宛ての家康書状に「関東惣無事の儀」という文言があること、天正十二年（一五八四）四月二十一日付け皆川山城守《みながわやましろのかみ》宛て家康書状にも、秀吉の命令とは関係なく「其表惣無事」と言い送っていることなどから、「惣無事」とは領主同士が互いに合意した上での停戦協定を指し、関東ではそれまでも使われていた言葉だということが明らかになりました（竹井英文《ひでふみ》『織豊政権と東国社会』）。

このため、秀吉の関わった東国の惣無事がいずれも個別的かつ時事的なものなので、広域的かつ持続的に地域の大名領主を拘束した「令」ではない、という説も提出されました（藤井譲治《じょうじ》「『惣無事』はあれど『惣無事令』はなし」）。
こうした研究動向によって、「惣無事令」は、教科書の本文から消えたのです。

●背く者がいれば成敗する

それでは、「惣無事令」はなかったのでしょうか。まず、事実関係を見ていきましょう。

天正十四年（一五八六）七月、越後《えちご》の上杉景勝《かげかつ》が、上洛して秀吉と対面します。すぐに帰国が許され、越後に帰ります。そして九月二十五日、景勝は、関東、奥羽《おうう》の伊達政宗《だてまさむね》、会津辺の「取次《とりつぎ》」を命じられました。秀吉の東国・奥羽政策は、景勝が中心になって行うこととされたのです。

ところが家康が上洛したことによって、関東のことは家康と談合して諸事を行うようにと命じられました。そしてこの年十二月三日、関東の大名に対して、次のような秀吉直書（一般の書状よりも薄礼の書状）が発給されます。

関東奥両国まで惣無事を実現するということを、今度家康に命じたので、成功することになるだろう。もし背く者がいれば成敗する。

秀吉が、家康に、関東奥両国に「惣無事」を実現するよう命じています。藤木久志氏は、この直書の年代を、天正十五年（一五八七）十二月、秀吉の九州攻めの成功の後としていましたが、近年の東国史研究の進展から、これら一連の史料の年代が天正十四年（一五八六）に改められました。秀吉は、九州攻めに先だって東国へ「惣無事」を命じていたのです。この内容は、関東や奥羽の大名の多くに発給されたことがわかっています。

秀吉が、それ以前から一貫して、関東に対し「惣無事」と言われる停戦要請をしていたことは歴史的事実です。そしてそれは、信長存命時の「惣無事」状態を回復するという持続的なものでした。九州に対しても、「惣無事」という言葉こそ使っていませんが、停戦命令を出しています。

秀吉は、諸国の戦国大名の戦いを認めず、言い分がある時は自分に言ってくれれば裁定する、という姿勢をとっていました。それは、藤井氏の言うように「個別的かつ時事的なもの」であったかもしれませんが、その姿勢は一貫しているのです。

秀吉の法令は、「刀狩令」に見られるように、一度どこかに出されれば、受け取りの如何《いかん》を問わず、全国の大名を拘束する「法令」となっています（拙著『天下人の一級史料』)。

秀吉は、信長の死の直後から家康に「惣無事」を要請し、政権確立後はそれを全国に及ぼしているのですから、戦国大名に停戦を命じていることは確かなのです。

戦国大名への停戦要請は、もともと足利将軍家の権限に由来するものでした。永《えい》禄《ろく》三年(一五六〇)六月二日、室町幕府第十三代将軍足利義輝《よしてる》は、薩摩《さつま》の島津貴久《たかひさ》に対し、豊後《ぶんご》との講和を勧告する御内書《ごないしょ》を送っています。

つまり、政策基調としての停戦(これは「無事」と言われています)命令は室町幕府以来、一貫して存在しており、天正十四年(一五八六)十二月の「惣無事」要請も、その政策の上に位置づけられるべきものだと言っていいでしょう。

全国の大名に対する「私戦」禁止令は、秀吉政権の政策基調だったのです。したがって「惣無事令」はあったとしても間違いではないのですが、教科書の「天皇から日本全国の支配権をゆだねられたと称して」という記述には問題が残ります。

島津氏に対する停戦命令に「勅諚《ちょくじょう》に付き」と書かれていますので、間違いだというわけではありませんが、一貫して天皇の意志を強調しているわけではありません。誤解を与える表現なので、書かない方がいいかもしれません。

それでは、秀吉の停戦命令を「惣無事令」という用語で呼ぶのが正しいのでしょうか。戦国大名の戦いを私戦として停戦を命じる秀吉の命令は、全国を視野に入れた政策の一貫であり、それを総称して「惣無事令」とすることは問題ないと思います。逆にそうした政策基調がなかった、と考えると間違いになります。

ただ、「惣無事」が関東に特有な言葉だとすれば、教科書にわざわざ「惣無事令」という用語を載せる必然性はありません。現在の『詳説日本史』にあるように、「全国の戦国大名に停戦を命じ」という記述にとどめるのが穏当な立場だと思います。

Q40 秀吉はなぜ「唐入り《から》」を行ったのか？

―歴史のココをつかむ！― 征服ではなかった秀吉の目的

●信長も「唐入り」を構想していた

秀吉の朝鮮侵略は、朝鮮の侵略そのものを意図したものではなく、明《みん》を攻める「唐入り」のため、朝鮮に道案内をさせようとしたものでした。秀吉は、朝鮮が天《てん》正《しょう》十八年（一五九〇）に使節を送ってきたため、服属したものとみなしていたのです。

しかし、朝鮮が抵抗したため、朝鮮国内での戦いとなり、援軍のためやってきた明軍と戦ったのです。

その「唐入り」は、信長の構想にもすでにあったようです。何度も信長に会見したことのあるルイス・フロイスは、一五八二（天正十）年十一月五日付け、島原半島の口《くち》の津《つ》から発信したイエズス会総長宛て日本年報の追信（『イエズス会日本報告集』Ⅲ―6）で、信長の考えとして次のように書いています。

毛利（氏）を征服し終えて日本の全六十六カ国の絶対領主となったならば、シナに渡って武力でこれを奪うため一大艦隊を準備させること、および彼の息子たちに諸国を分け与えることに意を決していた

信長の死後に書かれたものですが、信長がフロイスに語っていたことだと推測されます。信頼する家臣である秀吉に対して、そのような構想を話していたとしてもおかしくないと思います。

秀吉の「唐入り」宣言

秀吉が初めて「唐入り」を言明したのは、天正十三年（一五八五）九月三日付け一柳末庵《ひとつやなぎまつあん》宛ての朱印状です（岩澤愿彦《よしひこ》「秀吉の唐入りに関する文書」）。この中で秀吉は、子とも思う作内《さくない》（加藤光泰《みつやす》）に要《かなめ》の城である大垣まで任せたのは、「日本国は申すに及ばず、唐国迄《からこくまで》仰せ付けられ候心《そうろうこころ》」があるからである、と言明しています。

秀吉は、「唐入り」を子飼いの部将のために命じるのだとしているのです。秀吉が、母親までを人質に出して家康を服属させ、九州に向かったのも、「唐入り」を重視したからでしょう。「唐入り」のためには、九州を早く「五畿内同然」の地域にしておく必要があったからです。

秀吉の「唐入り」の意図

天正二十年（一五九二、十二月に文禄《ぶんろく》と改元）四月、文禄の役が始まると、日本軍は破竹の勢いで進軍し、朝鮮の首都漢城《かんじょう》を落とし、平壌《へいじょう》まで進みます。

秀吉が関白秀次《ひでつぐ》に宛てた書状によると、天皇を明に移して秀次を大明《だいみん》関白とし、日本の帝位には若宮の良仁《ながひと》親王か皇弟の八条宮智仁《はちじょうのみやとしひと》親王を就け、豊臣秀保《ひでやす》（秀次の弟）か宇喜多秀家《うきたひでいえ》を関白とし、自身は寧波《ニンポー》に居を据えるという構想を持っていたことがわかります。この構想を「誇大妄想」と考えるのは伝統的な見方ですが、武田万里子氏は、秀吉の文書を緻密に分析し、注目すべき説を提出しています（「豊臣秀吉のアジア地理認識―『大唐都』はどこか―」）。

秀吉は、大陸での現政権の支配圏を「大明《だいみん》」と表現し、日本に組み入れたい仮想空間を「大唐《だいとう》」として区別していたのではないか、というのです。そうなると、秀吉が天皇を据えようとした「大唐の都」は必ずしも北京《ペキン》を指すのではなく、むしろ秀吉が居所としようとした寧波付近一帯ということになります。また、「天竺《てんじく》」もインドではなく、海南島《かいなんとう》よりも南の東南アジアを指すのではないか、とします。

つまり、秀吉の目的は明の征服ではなく、明を屈服させて大明四百余州のうちの百カ国を割譲させようとしたものだった、とし、秀吉の関心は東シナ海から南シナ海にあり、これはキリシタン国のアジア進出への警戒と軌を一《いっ》にしている、と指摘しています。

これらの新しい説に従えば、**秀吉の意図は、キリシタン国に対抗するため、海禁政策をとる明に軍事的圧力をかけ、中国沿岸から東南アジアにかけて展開していた東アジア海域の中継貿易の主導権を握ることにあった、**と言うことができます。

こう考えれば、「唐入り」もあながち誇大妄想とは言えなくなります。今後、深めていかなければならない説だと思います。

史実においては、こうした秀吉の構想は、始まりの時点で破綻します。日本軍は、明の援軍のため、苦境に陥ったのです。異民族との戦いを経験していた明軍は、かなり強力でした。日本軍の兵站《へいたん》線は延び、補給もままならなくなります。一時は停戦して講和交渉が成立しそうになるのですが、これも勝利の名目を得ることができず、破綻します。慶長《けいちょう》二年（一五九七）に始まった慶長の役は、苦戦を繰り返しながら、秀吉が没するまで戦われることになります。

㊆ 江戸時代 幕藩体制と幕末動乱

Q41 家康はどのように豊臣家を超えようとしたのか？

—歴史のココをつかむ！— 秀頼《ひでより》の潜在的脅威と征夷大将軍の権威

● なかなか将軍宣下《せんげ》を受けない家康の本音

家康は、秀吉によって内大臣に推挙されます。内大臣は「内府《だいふ》」とも呼ばれます。大河ドラマなどで家康が「内府様」と呼ばれるのはそのためです。

慶長《けいちょう》三年（一五九八）八月、秀吉が没すると、家康は武家の中ではトップの官職に立ちます。しかし、豊臣政権下の一員として、前田利家《としいえ》、毛利輝元《てるもと》、宇喜多《うきた》秀家《ひでいえ》、上杉景勝《かげかつ》らとともに「五大老」を構成します。

慶長四年（一五九九）閏《うるう》三月、前田利家が死去し、豊臣家「五奉行《ごぶぎょう》」の実質的な指導者であった石田三成《みつなり》が失脚しました。この両者が中央政局にいなくなることによって、家康は自由に振る舞うことになります。しかし、それは、あくまで秀吉の遺児秀頼が成長するまで、政治を代行するという姿勢を取らざるを得ませんでした。

転機になったのは、同五年（一六〇〇）九月五日の関ヶ原の戦いです。西軍の実質的な主将だった石田三成は斬首されました。五大老も、毛利輝元、上杉景勝、宇喜多秀家の三人までが西軍に属し、敗北した結果、輝元は領地を大幅に削減され、景勝は領地を移され、秀家は敗走して薩摩《さつま》に逃れます。こうして豊臣政権の中で家康に肩を並べていた大名は政治的な影響力を失うことになりました。

しかし、関ヶ原の戦いは、西軍だけでなく、東軍も秀頼のための戦いだと位置づけていました。関ヶ原の戦い直後、家康が肥前《ひぜん》の大名松浦鎮信《まつらしげのぶ》に送った書状にも、「上方衆逆心《かみがたしゅうぎゃくしん》」と書いています。東軍の主力が、秀吉の部将たちだったことを見れば、「逆心」が家康ではなく秀頼への逆心だとされていることは明らかです。このため、**関ヶ原の戦い後の家康の課題は、秀吉の跡継ぎである秀頼の権威をどのようにして克服するかということでした。その踏み台になったのが、征夷大将軍という官職です。**

後に成立する史料ですが、『落穂集追加《おちぼしゅうついか》』には、将軍宣下につき朝廷から催促がましい内勅があり、遠慮する家康に対して、金地院崇伝《こんちいんすうでん》と藤堂高虎《とうどうたかとら》が説得して将軍就任が実現した、と書いています。しかし、家康の遠慮はポーズにすぎなかったでしょう。

家康に躊躇《ちゅうちょ》する理由があるとすれば、大坂城の秀頼の存在です。主家である豊臣家を無視して家康が強引に将軍となった場合、世間の批判があるかもしれないからです。まだ全国には豊臣家恩顧《おんこ》の大名がいます。それを考慮して、周囲の反応を見ながら、人から勧められて将軍宣下を受ける、というのが家康の目論《もくろ》みだったのでしょう。

家康の将軍宣下が日程にのぼった慶長七年（一六〇二）十二月、醍醐寺三宝院《だいごじさんぼういん》の義演《ぎえん》は、日記に、「秀頼に関白宣下がある」という噂《うわさ》を書き留めています。京都では、いまだ豊臣家の影響力は大きかったのです。

●将軍宣下の効果は絶大だった

慶長八年（一六〇三）二月十二日、家康は、将軍宣下を受けます。この効果は大きいものでした。

この年二月二十四日には、福岡藩主黒田長政《ながまさ》、肥前平戸藩主松浦鎮信、阿波《あわ》徳島藩主蜂須賀至鎮《はちすかよししげ》が、家康の子・秀忠《ひでただ》に祝儀を言上するため江戸に参勤します。四月に伏見にいた長門《ながと》萩《はぎ》藩主毛利輝元も、用意ができれば来月十六日に江戸に下ると述べています。

諸大名は、家康が将軍になったことで公然と江戸に参勤するようになるのです。**家康は、関ヶ原の合戦に勝っただけでは、主家である豊臣家を凌駕《りょうが》することができませんでした。主家を超える権威を付与してくれるのが、将軍という官職だったのです。将軍職は、家康に武家政権の継承者としての正統性を付与したと言っていい**と思います。

諸大名が江戸に参勤するようになっただけではありません。この前後から諸大名に預けていた秀吉の蔵入地《くらいりち》（直轄地）の算用はなくなり、幕府の支配地域となります。秀吉の蔵入地は「公儀《こうぎ》」のものとして、武家政権の継承者である家康が受け継いだのです。

家康には、秀吉の後を継ぐ者として、関白という選択肢もあったかもしれません。しかし、関白は、本来、近衛《このえ》・鷹司《たかつかさ》・九条《くじょう》・二条・一条の五摂家《ごせっけ》の持ち回りで、それに豊臣家が取って代わったという経緯があります。家康が関白を選べば、秀頼が関白になる道を閉ざすという利点はありますが、長い目で見れば豊臣家の影響を残すことにもなります。

秀吉が関白となった時と違い、すでに足利義昭《よしあき》は没していて、将軍職は空席でした。秀吉に恩義を感じる後陽成《ごようぜい》天皇も、秀頼をないがしろにすることには心理的抵抗があり、家康には空席である将軍になってほしかったと考えたに違いありません。

家康が右大臣《うだいじん》兼将軍となると、秀頼も内大臣に進みます。秀忠は、大納言兼右大将ですから、秀頼よりも下です。家康の後は秀頼という余地も残ります。そのため同十年（一六〇五）四月、家康は秀忠に将軍職を譲りました。将軍職を徳川家で世襲するという姿勢を明らかにしたのです。

秀忠は将軍宣下と同時に内大臣となりますが、そのためには秀頼を内大臣から右大臣に進ませるという形をとる必要がありました。豊臣家としては意に染まない昇進で、大坂城にあって勅使を受けただけでした。慶長十二年（一六〇七）、秀頼は右大臣を辞します。

ただし、秀頼は、政治情勢さえ変化すれば、いつでも関白に任官し、豊臣政権を復活させる潜在的な権威を持っていました。すでに老年に達していた家康にとって、大坂城の秀頼は無視できない存在でした。

もし、秀頼が、秀吉の残した大坂城を放棄するなどの手段で豊臣政権復活断念の意思を公表すれば、豊臣家を徳川家の臣下として存続させることができたかもしれません。しかし、そうした道は選択されませんでした。

●徳川家の支配をどう正当化するか

武家政権の正統性を保証したのは、伝統的王権である朝廷の官職でした。中でも、関白や征夷大将軍という最高の官職です。これらの官職は、武家内部の主従制的規範を乗り越えるものとしてきわめて有益でした。

どの官職かという問題は、実力さえあれば関白でも将軍でもかまわないのですが、将軍職が空席でないとか、関白の後継者候補が現存するなどの政治情勢がありました。そうした事情から、将軍職が徳川家の地位を正当化する官職となったのです。

将軍職がそうした権威であり続けるためには、それを任命する朝廷が、それにふさわしい権威を持っている必要がありました。戦乱の時代なら、官職に任命されたことを口実に、武力で周囲を服属させていけばよかったのですが、泰平の時代となると、自らが最高位に位置づけられている官職秩序をより権威のあるものにしていく必要があります。

当時の朝廷の状況は、官職を任命する権威としての内実が不足していました。戦国時代には天皇の譲位すらままならない有様で、天皇の宮殿である御所は荒廃していました。それを立て直したのは、秀吉でした。

しかし、御所において若手公家《くげ》と官女が密通事件を起こす（猪熊《いのくま》事件）など、朝廷内の規律は乱れていました。当時の朝廷は、自律的な組織としての統制力が不足していたのです。

家康の課題は、これを立て直し、将軍を任命する主体としての朝廷の権威を目に見える形で回復することでした。慶長十八年（一六一三）の公家衆法度《くげしゅうはっと》の制定、さらに元和《げんな》元年（一六一五）の禁中並公家中諸法度《きんちゅうならびにくげちゅうしょはっと》の制定は、朝廷の秩序を立て直そうとする試みでした。よく天皇を学問や文化の分野に押し込めようとした、というように説明されるのですが、そこで奨励されていたのは『貞観政要《じょうがんせいよう》』などの政治の学問であって、天皇には為政者としてふさわしい存在になることが要請されていたのです。

徳川家の支配の正当性のためには、朝廷の存在が不可欠であり、朝廷をそれにふさわしい規律と権威を持った存在にする必要性があったのです。

Q42 参勤交代は大名の財力を削ぐための制度だったのか？

―歴史のココをつかむ！― 江戸時代の日本を作り上げた中央集権体制

●参勤交代の目的

参勤交代は、時の権力者に対する服属儀礼です。参勤は、もともと「参覲」と書きます。「覲」の語意は「まみえる」、すなわち拝謁することで、中国では諸侯が天子に拝謁することでした。

つまり、「参覲」は、諸大名が将軍に拝謁するため江戸に出てくることを言い、東西の大名が交互に江戸に参府したことを「交代」と言います。「参覲」が「参勤」という文字に変わっていくのは、この隔年の江戸参府が大名の勤めだったため、「参勤」という文字でも違和感がなかったからでしょう。

江戸幕府の参勤交代の原形は、豊臣秀吉が諸大名を京都や伏見《ふしみ》に集め、屋敷を与えたことに始まります。豊臣政権を受け継いだ形をとる徳川家康は、伏見城で政務をとりますが、諸大名には伏見参勤とともに、江戸参勤を要請しています。

参勤交代が制度として確立するのは、寛永《かんえい》十二年（一六三五）、三代将軍徳川家《いえ》光《みつ》が制定した武家諸法度《ぶけしょはっと》です。しかし、諸大名の江戸参勤はそれまでも行われており、すでに実態としてあるものを明文化したにすぎません。これまでの将軍と大名の個別的な関係を、幕府の制度としたと言うこともできます。

●参勤交代の始まりはいつだった？

徳川氏への参勤交代は、大名がその親族を江戸に差し出すという動きから始まりました。

慶長《けいちょう》四年（一五九九）、藤堂高虎《とうどうたかとら》は、九歳の弟正高《まさたか》を提出しました。これは特殊な事例ですが、秀吉の死後、こうした大名が増えます。同年には、堀秀治《ひではる》が子の利《とし》重《しげ》を、浅野長政が末子長重《ながしげ》を江戸に送り、翌五年には細川忠興《ただおき》が三男忠利《ただとし》を提出します。これらは、大名たちの自主的な人質提出の動きでした。

逆に半強制的に人質提出を迫られたのが、加賀の前田家です。慶長四年、前田利家の死後、跡を継いだ利長《としなが》は、前田家謀叛《むほん》の噂《うわさ》を恐れ、江戸に母の芳春院《ほうしゅんいん》を提出します。

関ケ原の合戦後は、この動きが全国の大名に拡大されていきました。西軍の主将だった毛利輝元《てるもと》も、慶長六年（一六〇一）九月、七歳の嫡子秀就《ひでなり》を人質として江戸に提出しました。また前田利長のように、江戸に挨拶《あいさつ》に行く大名もいました。まだ江戸が徳川家の城下町にすぎなかったその頃、江戸に来た大名は、大きな寺院などに宿泊しました。幕府は、彼らの便宜をはかるため、江戸に邸地を与えます。時代に乗り遅れないため、江戸に挨拶に行く大名は増えていきました。

慶長二十年（一六一五）、大坂夏の陣で豊臣氏が滅亡すると、諸大名は競って江戸に参勤するようになります。大名の江戸屋敷も整備されていき、それまで国元で暮らしていた大名の妻子も、江戸に来るように要請されました。

寛永《かんえい》十二年（一六三五）、将軍家光は、武家諸法度を改定して諸大名に伝えました。その第二条に参勤交代の規定があります。

ここで命じられたのは、西国大名が三月の末から四月の初めにかけて江戸に参府すると、江戸にいた東国大名が暇《いとま》を与えられて国元に帰り、次の年の三月末から四月にかけて東国大名が江戸に来ると、西国大名に暇が与えられる、ということでした。これが、二百数十年に及ぶ徳川幕府の支配を支えた制度の始まりです。

もちろん、この頃にはすでにこのような体制がほぼ固まっていたのですが、明文化して発布したことの意義は大きかったと言えます。

●大名財政を窮乏させた本当の原因とは？

参勤交代は大名財政を疲弊させたとして、その目的が大名の窮乏化をめざすものだとする説があります。しかし、参勤交代は、あくまで大名の将軍への服属儀礼であって、大名財政の窮乏化はその結果にすぎません。

そもそも幕府は、諸大名の参勤交代の行列の削減を命じています。諸大名が人数を減らさないのは、それぞれの藩の見栄でした。

松江《まつえ》藩の事例を見ると、江戸時代後期の参勤交代の道中銀（道中の経費）は、三千二百両から四千四百両で、藩財政に占める割合はわずか三パーセント程度です。

藩財政の割合で大きいのは家臣に対する俸禄《ほうろく》で、四五パーセントを占めます。そして、その次に大きいのが、「江戸入用《にゅうよう》」、すなわち江戸での生活・交際費で、三〇パーセントに及びます。これは、国元の行政経費やインフラ整備のための費用である「国元入用」二〇パーセントよりも多いのです。

つまり、大名財政を窮乏化させたのは、参勤の道中の経費ではなく、大名の江戸生活でした。もちろんこれは参勤交代によるものと言えますが、それが藩財政を窮乏化させるためであったという視点でとらえるのは、あまり意味のあることとは思えません。

むしろ、大名が江戸で生活することによって、中央集権的な政治体制が確立すること、江戸が日本の首都として世界にも類を見ない大都市に発展したこと、などの影響の方が重要です。諸藩は、大名の江戸生活のために貨幣を必要とし、年貢米を大坂に回漕《かいそう》し、より多くの収入を得るために特産品の生産に力を入れたりするようになります。大名が隔年に国元に帰ることによって、江戸の文化が地方に広がり、比較的均質な社会が形作られ、参勤交代の旅によって街道や宿場が整備されました。

参勤交代は、江戸時代の日本を作り上げた制度だと言うことができます。これらは、近代国家の前提となるものであり、参勤交代は日本の近代を準備する上でも大きな意味を持ったのです。

Q43 江戸時代の鎖国《さこく》の実態とは？

―歴史のココをつかむ！― 幕府の対外政策の中身

●江戸幕府は鎖国していなかった？

江戸幕府が、実は鎖国をしていなかった、という議論を聞いたことがある読者も多いと思います。これは、どういうことなのでしょうか。

年配の方にとっては、たとえば和辻哲郎《わつじてつろう》氏に『鎖国――日本の悲劇』（上下、岩波文庫）という名著がありますし、中央公論社版『日本の歴史14』では、岩生成一《いわお》氏が『鎖国』という巻を執筆しています。江戸時代が鎖国の時代だというのは常識だと言っていいでしょう。

しかし、幕府は、長崎でオランダ・中国と貿易をしていました。それだけではなく、対馬《つしま》藩を仲介に、朝鮮と国交を結んでいました。江戸時代、将軍の代替わりごとに朝鮮通信使が来日していたのは、そのためです。

これらの事実は、日本が鎖国していたと言っていた時代から知られていました。岩生氏も、「鎖国」の本質は、①日本人の海外渡航の禁止、②貿易統制、③キリシタン禁制、の三つであると説明し、当然のようにオランダとの貿易などについて書いています。

しかし、近世対外史研究が進むにつれ、これまでの「鎖国」の概念がヨーロッパ諸国との関係で理解され、東アジアの中の日本という視点がないことが批判されるようになりました。その中で、日本は鎖国していなかったのではないか、という説が登場してきます。これを中心的に主張したのは、荒野泰典《あらのやすのり》氏でした（『近世日本と東アジア』）。

もともと江戸時代の日朝関係史が専門だった荒野氏は、琉球《りゅうきゅう》との関係やアイヌ民族との関係も視野に入れ、「四つの口」という議論を提出しました。江戸時代の日本は、長崎・対馬・琉球・松前の四つの口から世界に開かれており、多彩な物資や文化が日本に入ってきていて、決して孤立していたわけではない、というのです。この議論は、江戸時代の対外関係をきれいに説明するものだったため、近世史研究者の中では主流になりました。

●「四つの口」論から見る鎖国

長崎は、幕府の直轄地で、オランダ船と中国船が入港して貿易を行っていたことは、周知のことです。オランダ人は寛永《かんえい》十八年（一六四一）から出島《でじま》に、中国人は元禄《げんろく》二年（一六八九）から唐人《とうじん》屋敷という地域に居住させられていました。

オランダ商館長は、毎年、貿易を許されていることを感謝するため江戸に参府していました。江戸の日本人が、オランダ人を見ることも珍しいことではなかったのです。江戸時代中期以降は蘭学《らんがく》が発展し、西洋の進んだ科学技術も受容されていきました。

対馬藩宗《そう》氏は、幕府の朝鮮外交を担っており、将軍の代替わりごとに朝鮮通信使を連れてきていました。その代償として、対馬藩には朝鮮貿易が許され、特に朝鮮人参《にんじん》は医薬品として日本に不可欠なものでした。

琉球は、江戸時代の初めに薩摩《さつま》藩島津氏が服属させていましたが、中国（明《みん》・清《しん》）との朝貢も維持しており、幕府は「異国」と位置づけていました。琉球は、国王の代替わりや将軍の代替わりに日本に使節を送っていました。アイヌ蝦夷《えぞち》地はアイヌ民族の土地で、松前藩が独占的に交易を行っていました。アイヌの交易は、中国黒竜江《こくりゅうこう》地域にも広がっています。

こうした側面に注目すると、江戸時代の日本は「鎖国」ではない、とする議論も説得的なように思えます。国を完全に鎖《とざ》すことを「鎖国」の定義だとすれば、そもそも鎖国は成り立たない議論なのです。

●鎖国だと思っていた江戸時代の人々

しかし、もともと「鎖国」は、国を完全に鎖すことではなく、江戸時代の限定的な対外関係を表現した言葉でした。

また、歴史の流れを見ると、嘉永《かえい》六年（一八五三）のペリー来航によって幕府は「開国」を余儀なくされ、それをめぐって尊皇攘夷《そんのうじょうい》運動が活発化し、最後には幕府が倒壊します。「鎖国」でなければ「開国」がどうしてそれほどの影響を与えたのか、説得的に説明することはできません。

実質的な鎖国体制を築くのは三代将軍家光ですが、当時、「鎖国」という言葉は使われていませんし、鎖国したという認識もなかったでしょう。家光の段階で通交を拒否したのは、カトリック教国であるイスパニアとポルトガルだけです。しかし、江戸時代後期には、その体制を「鎖国」と呼んでも違和感のないものになっていたのです。

それをよく示しているのが、オランダ通詞《つうじ》だった志筑《しづき》忠雄の訳書『鎖国論』です。この書物は、十七世紀後半に来日したオランダ商館付医師ケンペルの著作『日本誌』の付録第六章「今日の日本人が全国を鎖《とざ》して国民をして国中国外に限らずあへて異域の人と通商せさらしむる事、実に所置有によれりや否やの論」を享和《きょうわ》元年（一八〇一）に翻訳して名づけた題名です。つまり、「鎖国」は、江戸時代の人が江戸時代の体制を呼んだ言葉であって、後世の学者の作った概念とは違うのです。

これは、彼だけの認識ではありません。十八世紀後半、ロシアからの使節が蝦夷

●「鎖国」への流れ

将軍	年　代	主な出来事
家康	慶長9年（1604）	糸割符制度始まる
秀忠（二代）	同12年（1607）	朝鮮使節、来日
	同14年（1609）	オランダ、平戸に商館設立
	同16年（1611）	中国船の長崎貿易を許可
	同17年（1612）	幕府直轄領にキリスト教禁止令
	同18年（1613）	イギリス、平戸に商館設立 全国にキリスト教禁止令
	同19年（1614）	高山右近らを海外に追放
	元和2年（1616）	中国船以外の外国船の寄港地を長崎・平戸に制限
	同8年（1622）	元和の大殉教（キリスト教徒55人を長崎で処刑）
家光（三代）	同9年（1623）	イギリス、商館を閉鎖し退去
	寛永元年（1624）	イスパニア船の来航を禁止
	同6年（1629）	長崎で絵踏が始まる
	同8年（1631）	奉書船制度始まる
	同10年（1633）	奉書船以外の海外渡航を禁止
	同11年（1634）	海外との往来や通商を制限（長崎に出島を建設）
	同12年（1635）	日本人の海外渡航・帰国の禁止
	同13年（1636）	ポルトガル人を出島に移す。ポルトガル人混血を追放
	同14年（1637）	島原・天草一揆（～15）
	同16年（1639）	ポルトガル船の来航を禁止
	同18年（1641）	オランダ、商館を出島に移す

地に来航した時、対応にあたった松前藩は、「異国交易の場所は長崎一箇所限り、その外は国法によって禁制」と回答し、来航の事実を幕府に報告しませんでした。これまで交際のある外国以外との接触は、それだけで幕府の譴責《けんせき》があることを予想した行動でした。

そして幕府は、文化《ぶんか》元年（一八〇四）、**ロシア使節レザノフに、「通信は朝鮮・琉球に限り、通商はオランダと中国に限り、新規に外国と通交することを禁ずる」のが「祖宗《そそう》の法」だと返答しています。いわゆる「鎖国」が祖法とされたのは、この時のことだと言っていいでしょう。**

アメリカが使節を日本に派遣する計画をつかんだオランダ国王は、「独《ひと》り国を鎖して万国と相親しまざるは人の好みする処《ところ》にあらず」と幕府に「開国」を勧告しています。

こうした事実を見ると、歴史用語としての「鎖国」はいまだ有効な概念だと考えられます。問題は、「鎖国」という語感が、日本がまったく外国との通交をしていなかった、と誤解されやすいものだということでしょう。

「鎖国」という用語をめぐる研究者の意見の対立は、事実関係の認識の違いではなく、同じ事実をどのように説明するか、という問題です。歴史の流れを理解するためには、江戸時代の日本が「鎖国」と呼ばれるにふさわしい体制をとっていた、と考えた方がいいように思います。

Q44 浅野内匠頭《たくみのかみ》はどうして刃傷《にんじょう》事件を起こしたのか？

―歴史のココをつかむ！― 江戸時代の武士の面子《メンツ》と悪口の重み

●現場での証言

浅野内匠頭長矩《ながのり》が、江戸城松の廊下で吉良上野介義央《きらこうずけのすけよしひさ》に斬りつけたのは、元禄《げんろく》十四年（一七〇一）三月十四日、朝廷からの使節である勅使・院使が将軍に暇乞《いとまご》いをする日のことでした。浅野は、なぜ刃傷事件を起こしたのでしょうか。

吉良と立ち話をしていた留守居番の梶川与惣兵衛《かじかわよそべえ》（頼照《よりてる》）によれば、浅野は、「この間《あいだ》の遺恨覚えたるか」と声をかけ、上野介の背後から斬りつけたと言います。

梶川がとっさに組みつき、周囲にいた者が大勢で取り押さえても、浅野は、「上野介にはこの間意趣《いしゅ》（恨み）があり、殿中《でんちゅう》でもあり、今日の事など恐れ入りますが、是非《ぜひ》なく打ち果たしました」と何度も繰り返したと言います。

刃傷事件が、内匠頭が上野介に意趣を持っていたために起こったことが明らかです。「この間」と言っているので、勅使饗応《きょうおう》役を務めた浅野が、役を務める中で吉良に意趣を持つようになったことも確かでしょう。

浅野は、切腹する前、「このことは、あらかじめ知らせておくべきだったが、今日やむを得ざる事情で、知らせることができなかった。不審に思うだろう」と家臣に伝えています。「今日やむを得ざる事情で」という言葉は、この日また何かあって斬りつけたと受け取れます。

一方の吉良は、まったく覚えのないこと、としています。しかし、覚えがあると言えば立場が悪くなるでしょうから、そう言うのは当然のことです。

浅野の心情を代弁している史料として、「堀部《ほりべ》弥兵衛《やひょうえ》金丸《あきざね》私記」があります。これは、討ち入り前、堀部弥兵衛がこれまでの経緯などを書き残したものですが、刃傷の理由を次のように説明しています（拙著『赤穂事件と四十六士』）。

伝奏《でんそう》御屋敷で、吉良上野介殿がいろいろと悪《あ》しざまにおっしゃりましたが、御役儀を大切に考え、内匠頭は堪忍しておりましたが、殿中において、諸人を前にして武士道が立たないようなひどい悪口をかけられましたので、そのままにしておくと後々までの恥辱と思い、斬りかけたものと存じております。

江戸城大手門の外にある伝奏御屋敷は、勅使・院使の宿泊施設となった場所です。勅使饗応役だった内匠頭は、この屋敷で饗応の準備をしていました。俗説では、直前になって上野介が畳替えが必要と言い出し、家来たちが苦労して一夜のうちに行ったなどが言われています。そのエピソードの根拠となる史料はありませんが、吉良が浅野の準備に関していろいろと批判したのは事実のようです。

そして、**決定的だったのは、江戸城中の、諸人の前で「武士道が立たないような悪口」を言われたことでした。**これは、おそらく刃傷事件当日のことでしょう。

●世の中に出回った噂《うわさ》

事件後、確かな史料をもとに書かれたと思われる『江赤見聞記《こうせきけんぶんき》』には、次のように書かれています。

上野介は欲が深い人なので、以前に御勤めなさった方も、前もって御進物等を度々《たびたび》していたので、喜六や政右衛門、御用人たちまで伝え、御用人たちも度々その段を申し上げたけれども、内匠頭様は、「御馳走御用が済んだ後にはどれだけでも進物をあげようと思う。前もって度々御進物を贈るのは、如何《いかが》かと思う」と仰せられました。もっとも、通常の御付届けの進物は、前もって遣わされていたということです。

これが通説のもとになる記述です。喜六は建部《たてべ》喜六、政右衛門は近藤政右衛門で、ともにこうした折衝にあたる江戸留守居役です。刃傷事件の原因は、内匠頭が上野介に十分な賄賂《わいろ》を贈らなかったため、上野介に辛《つら》く当たられ、恨みを持つようになったからだというのです。

吉良は、従四位上・少将という高い官位にあるとはいえ知行《ちぎょう》は五千石ですから、大名が指南《しなん》を受ける場合は贈り物をするのが当然でした。内匠頭も、通常の御付届けの進物は届けていたのですが、特別な進物をしなかったため、江戸留守居役だけではなく、江戸家老の次に位置する御用人までが心配していたのです。

尾張《おわり》藩士朝日重章《しげあき》も、日記（『鸚鵡《おうむ》籠中記《ろうちゅうき》』）に同様のことを書いています。吉良が欲が深い人物だというのは、周知のことだったようです。この日記には、刃傷事件の当日、吉良が老中の前で「今度の内匠は万事言うことができないほど不調法で、公家衆《くげしゅう》も不快に思っておられる」と言ったと書いています。

●武士道を立てるための刃傷事件

これらの史料を勘案すると、浅野は、それまでも我慢を重ねていたが、勅使饗応の日、吉良から人前で武士道が立たないと感じられる批判をされたので、刃傷事件を起こしたということがわかります。

その程度のことで、自分の命と赤穂《あこう》五万石を捨てることができるのでしょうか。これは、当時の武士の置かれた世界を見れば、十分にありうる話であると言うことができます。

武士にとって、「悪口」は、その真偽がどうであれ、命を懸けても撤回させなければならないことでした。普通の武士だと、そのままにしておくと臆病だとの評判が立ち、切腹することにもなりかねません。

同時代に生きた佐賀藩士山本常朝《じょうちょう》は、『葉隠《はがくれ》』の中で、悪口を受けたらその場で悪口を返すこと、もしそれができなければ、城から退出する時、目付《めつけ》に、自分が悔しい思いを我慢したのは殿中を重んじたからだ、と言い置いて帰れ、と言っています。幕末になっても、殿中で悪口を言われ、帰宅後、切腹した武士がいます。そうしないと武士の面子が立たなかったのです。

浅野は、人前で批判され、その席を退《の》いた後、ふつふつと考え、これをそのままにしていては自分の武士道が立たないと考えたのだと思います。そこで、わざわざ吉良を捜し、武士道の作法にもとづいて声をかけ、吉良に斬りつけたのでしょう。そんなことをすれば、自分は切腹、赤穂藩も断絶ということは十分承知していたでしょうが、武士としてはそうせざるを得なかったのです。

ただ、そうした武士道は、大名が実践しなければならないものではありませんでした。自分が受けた批判も、役務の上のことですから、武士道とは関係のないことです。しかし、思慮の足りない浅野は、それを武士道が立たないことだと受け取ったのでしょう。このため、後に四十六人もの赤穂藩士が討ち入りしなければならなくなったのです。

そうした問題はありますが、浅野の行動が衝動的なものではなく、武士道にもとづくものだったことは確かだと思います。

Q45 江戸三大改革と田沼の政治の違いとは？

―歴史のココをつかむ！―「改革」を宣言したかどうか

●「三大改革」は効果があった？

江戸時代史では、享保《きょうほう》の改革、寛政《かんせい》の改革、天保《てんぽう》の改革という「三大改革」が幕府政治の画期として大きく取り上げられます。享保の改革は八代将軍吉宗《よしむね》、寛政の改革は吉宗の孫で老中になった松平定信《さだのぶ》、天保の改革は老中水野忠邦《ただくに》が行ったものです。**いずれも将軍が「改革」を宣言していることから、「改革」と呼ばれるのです。**

享保の改革は、窮乏した幕府財政を立て直すための改革でしたが、その中で足高《たしだか》制《せい》という幕府官僚制を特徴づける制度が生まれています。これは、役職に基準の石《こく》高《だか》（役高《やくだか》）を定め、家禄《かろく》の少ない旗本が在職する間その差額を与えるというもので、人材登用を促進しました。二四九ページの表に役高の一覧を載せましたので、参考にしてください。

寛政の改革は、田沼意次《おきつぐ》の政治の弊害である賄賂《わいろ》政治を改め、倹約などを強制することで、武士の綱紀粛正をはかります。また、天明の打ちこわしによって成立した政権だけに、江戸には町入用の節約を命じる「七分積金《しちぶつみきん》」を始め、災害時の貧民救済にあてました。地方には飢饉に備えて社倉《しゃそう》や義倉《ぎそう》をつくらせて、囲米《かこいまい》を行うといった社会政策が行われます。

天保の改革は、中国がアヘン戦争に負けたなどの情報がある中で行われたもので、対外的危機を乗り切るために幕府権力を強化しようとした改革です。川越・庄内・長岡の三藩の領地を入れ替えようとしたり、江戸・大坂周辺の地を直轄領にしようとしたのは、海岸防備の強化や財政の安定をはかろうとしたものです。しかし、この頃の大名の領地は既得権となっており、こうした政策は実現困難になっていました。

三大改革のうち、享保の改革はおおむね成功し、その後の幕府の基本制度を創り上げました。寛政の改革は定信の失脚で未完に終わりますが、重要な制度を創設しており、成功した部分もあります。最後の天保の改革は、わずか二年ほどで忠邦が老中を退《の》き、失敗に終わります。

●役高の一覧

役職名	役高	任務
大番頭	5000石	将軍直轄の軍団のひとつである大番を支配した役職。
書院番頭	4000石	将軍直轄の軍団のひとつである書院番を支配した役職。
小姓組番頭	4000石	将軍直轄の軍団のひとつである小姓組を支配した役職。
新番頭	2000石	将軍直轄の軍団のひとつである新番を支配した役職。
小十人頭	1000石	将軍直轄の軍団のひとつである小十人組を支配した役職。
留守居	5000石	江戸城大奥向・広敷向の管理・取締まり。
大目付	3000石	各大名の監察や法令伝達を行う役職。
町奉行	3000石	江戸町奉行所の長官。
勘定奉行	3000石	江戸幕府勘定所の長官。
普請奉行	2000石	江戸城内外の土木工事関係を司った役職。
作事奉行	2000石	江戸城内外の殿舎建築関係を司った役職。
小普請奉行	2000石	江戸城内外の殿舎における雑務工事を司った役職。
小普請支配	3000石	小普請の者を支配する役職。
長崎奉行	2500石	長崎に置かれた遠国奉行で、遠国奉行中の首座。
京都町奉行	1500石	京都に置かれた遠国奉行。
大坂町奉行	1500石	大坂に置かれた遠国奉行。
下田奉行	1000石	開港地である下田に設置された遠国奉行。
浦賀奉行	2000石	浦賀に置かれた遠国奉行。
駿府町奉行	1000石	駿府に置かれた遠国奉行。
伏見奉行	3000俵	伏見に置かれた遠国奉行。
日光奉行	2000石	日光山に置かれた遠国奉行。
山田奉行	1000石	伊勢神宮の門前町宇治山田に置かれた遠国奉行。
奈良奉行	1000石	奈良に置かれた遠国奉行。
堺奉行	1000石	堺に置かれた遠国奉行。
佐渡奉行	1000石	佐渡に置かれた遠国奉行。
箱館奉行	2000石	箱館に置かれた遠国奉行。
新潟奉行	1000石	新潟に置かれた遠国奉行。
兵庫奉行	1000石	兵庫開港に向けて設置された遠国奉行。
神奈川奉行	2000石	神奈川開港に向けて設置された遠国奉行。
先手頭	1500石	弓・鉄砲の与力・同心からなる先手組を指揮する役職。
目付	1000石	旗本・御家人の監察、殿中儀礼の指揮を行った役職。
使番	1000石	将軍の指令を受け諸所に派遣された役職。
徒頭	1000石	徒の者を支配した役職。
大番組頭	600石	大番組の中で番頭に次ぐ役職。
書院番組頭	1000石	書院番の中で番頭に次ぐ役職。
小姓組頭	1000石	小姓組の中で番頭に次ぐ役職。
新番組頭	600石	新番の中で番頭に次ぐ役職。
小十人組頭	300俵	小十人組において番頭につぐ役職。
勘定吟味役	500石	江戸幕府勘定所の監査役。
奥右筆組頭	400俵	老中の書記官として文書作成に従事した役職。
表右筆組頭	300俵	将軍の文書作成に従事した役職。

● 正徳《しようとく》の治《ち》と田沼の政治はなぜ「改革」と呼ばれないのか

六・七代将軍家宣《いえのぶ》・家継《いえつぐ》の時期に政治を主導した新井白石《はくせき》も、さまざまな改革を行っているのですが、これは年号をとって「正徳の治」と呼ばれます。

白石の政治は復古的な色合いが強く、また天皇を尊重したとされることが明治の歴史家に評価され、理想的な政治を意味する「治」という用語が使われるようになったものです。しかし、**将軍が「改革」を宣言したわけではないので、「正徳の改革」とは呼びません。**

田沼意次《おきつぐ》の政治は、長崎貿易の改革や蝦夷地《えぞち》の開発を志すなどユニークなもので、まさに「改革」と言っていいものです。しかし、**これも将軍が「改革」を宣言していないので、「田沼の政治」と呼ばれます。賄賂が横行するなど社会に乱れがあったので、「治」ともされず、ただ「田沼の政治」です。**

大坂の陣以降の江戸時代は、武力を用いた政治抗争はありません。三代将軍家光《いえみつ》の頃までは、弟の忠長《ただなが》に自害を命じたり、年寄《としより》（のちの老中）の本多正純《まさずみ》を改易《かいえき》したりと厳しい措置もありましたが、それ以降は、政治的に敗れても、職を退《の》いたり領地を削減されるぐらいで済みました。こういう面で江戸時代は、鎌倉、室町の中世社会とは大きく違います。それだけ武家政権が成熟してきたのだと思います。

●江戸の三大改革と田沼の政治

享保の改革 （1716～45年）	8代将軍吉宗の改革 ➡ 将軍自ら幕府の財政再建を図る ［主な改革］ ・新田開発の奨励 ・足高《たしだか》の制（人材登用と経費節減） ・倹約令 ・目安箱の設置 ・小石川養生所をつくる
田沼の政治 （1772～86年）	老中田沼意次の改革 ➡ 商業・産業の活性化 ［主な改革］ ・専売制度の拡張 ・株仲間の積極的公認 ・長崎貿易の制限を緩和する ・蝦夷地の開発を計画する
寛政の改革 （1787～93年）	老中松平定信の改革 ➡ 士風の引き締め、農村の復興 ［主な改革］ ・七分積金の制を設ける ・旧里帰農令（出稼ぎ制限） ・人足寄場を石川島に設置 ・倹約令
天保の改革 （1841～43年）	水野忠邦の改革 ➡ 幕府権力の強化を図る ［主な改革］ ・株仲間の解散 ・人返しの法（農民を強制的に帰村させる） ・上知（地）令（江戸・大坂周辺を直轄領とする→撤回）

Q46 大奥女中はどのような暮らしをしていたのか?

―歴史のココをつかむ!―世界でも稀《まれ》な女性だけの運営組織

●将軍家の正室を支える大奥

大奥は、原則として将軍以外の男子禁制の世界です。しかし、将軍のハーレム(後宮)という見方は、あまり正しくありません。大奥は、将軍とその正室である御台所《みだいどころ》の生活を支える役所だと考えた方が当たっています。

この役所の最大の任務は、将軍の跡継ぎをもうけることですから、将軍の性的生活が重要だったことは言うまでもありません。しかし、将軍の性的生活を支える女性たちのほか、役所としての大奥を支える多くの女性たちが役人として働いていたことも重要です。

大奥の主人は御台所《みだいどころ》です。原則として、公家《くげ》の最高の家柄である摂家《せっけ》(近衛《このえ》・鷹司《たかつかさ》・九条《くじょう》・二条・一条)か、宮家《みやけ》(伏見宮家《ふしみのみやけ》・閑院宮家《かんいんのみやけ》・有栖川宮家《ありすがわのみやけ》)の女性が将軍に嫁いできました。

例外として、七代将軍家継《いえつぐ》と十四代将軍家茂《いえもち》には、天皇家から内親王が嫁いでいますが、これは当時の政治情勢と密接な関係があります。家継の場合はわずか五歳で将軍になったためその権威を補う必要から、家茂の場合は尊皇攘夷《そんのうじょうい》運動の中で幕府と朝廷の一体化を示すためでした。

十一代将軍家斉《いえなり》と十三代将軍家定《いえさだ》は、薩摩《さつま》藩島津家から正室を迎えていますが、近衛家の養女になることによって、原則は貫かれています。

島津家は、五代藩主継豊《つぐとよ》が五代将軍綱吉の養女竹姫《たけ》を娶《めと》ったことから、将軍の縁戚となります。そして、将軍家の一族である御三卿《ごさんきょう》の一橋《ひとつばし》家に八代藩主重豪《しげひで》の娘茂姫《しげ》が嫁ぎました。その相手の一橋豊千代が、十代将軍家治《いえはる》の養君《ようくん》（将軍となるべき養子）となり、十一代将軍家斉となったのです。いわば偶然のなりゆきだったと言えます。

十三代将軍家定は、最初、鷹司家から正室任子《あつこ》を迎えますが、任子は疱瘡《ほうそう》のため没します。次に娶った一条家からの姫君秀子《ひでこ》もすぐに没しました。そのため、大奥で茂姫に召し使われていた女中たちの工作もあり、島津家一門の島津忠剛《ただたけ》の娘が、藩主世子《せいし》斉彬《なりあきら》の実子として家定の三人目の正室となったのです。これが、NHKの大河ドラマの主人公になった篤《あつ》姫です。

●大奥の組織と女中の目標

大奥を管轄したのは男性役人である留守居ですが、実際はほとんど大奥年寄《おおおくとしより》（老《ろう》女《じょ》）によって運営されました。女性のみによってこうした役所が運営されたことは、世界でも稀なことであり、日本の女性の高い能力をよく示しています。

大奥年寄の下には、御客会釈《おきゃくあしらい》、中年寄《ちゅうどしより》、表使《おもてづかい》、祐筆《ゆうひつ》、御錠口《おじょうぐち》、呉服間《ごふくのま》などの職制があって、親類の大名家の奥向きとの交際、大奥の買い物、大奥女中の取り締まり、将軍や御台所の呉服の調製などが行われました。将軍や御台所の身の回りの世話をするのは御中臈《おちゅうろう》で、御次《おつぎ》などは歌舞や音曲で娯楽を提供しました。

年寄は、大奥の中の千鳥の間という部屋に座り、まったく動かず、女中からの問い合わせにいちいち指示をしたと言います。地位は幕府の閣僚である老中と同等とされ、御三家などの大名の屋敷に招かれ、政治向きの嘆願なども受けています。

十二代将軍家慶《いえよし》の時代の年寄姉小路《あねのこうじ》は、家慶との性的関係が噂《うわさ》されています。その真偽は謎ですが、天保《てんぽう》の改革を主導した老中水野忠邦《ただくに》が大奥の経費節減を願った際、人間の欲望である男女の性をあきらめている大奥女中が、着るものや食べるもので少しぐらいの贅沢《ぜいたく》をしたからといって何の問題があるのかと反論し、水野の側室の数を聞いたため、水野も退散せざるを得なかったといいます。

●大奥の女中職階

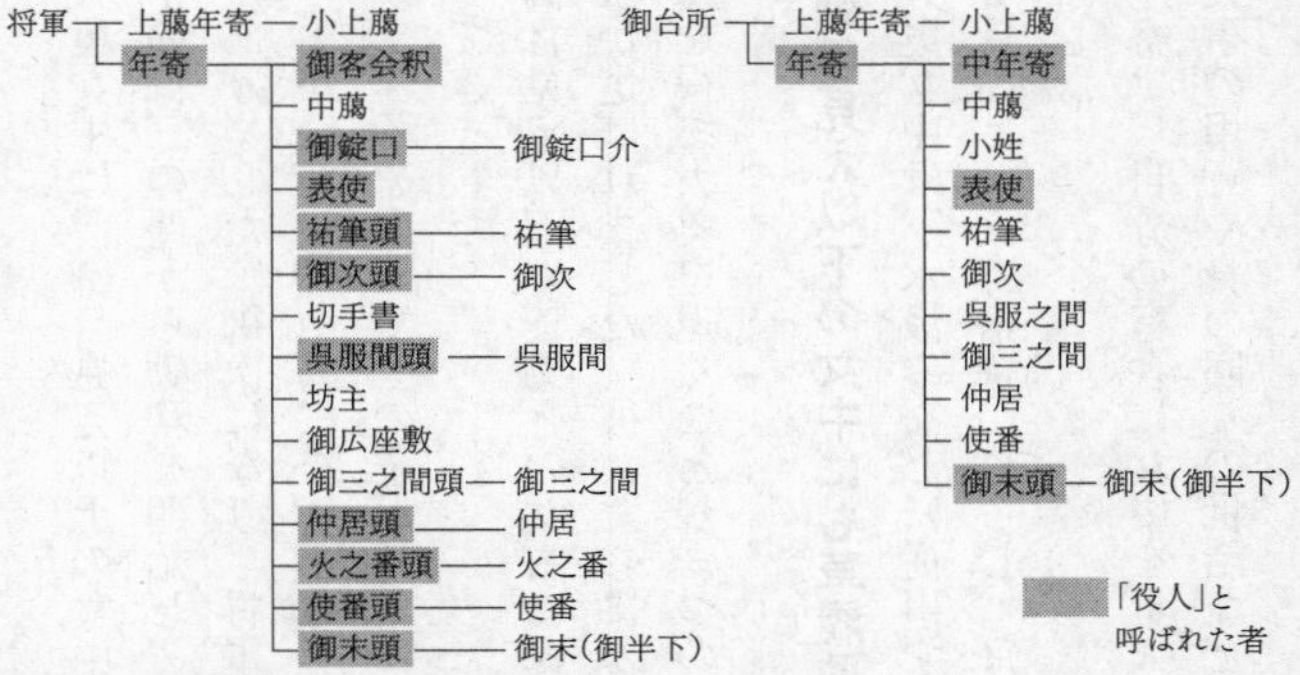

公家の娘	上臈年寄	地位は最高だが権力は持たない。御台所の話し相手	一生奉公
	小上臈	上臈の見習い	
旗本の娘	年寄(老女)	大奥全体の取り締まりにあたる第一の権力者。表の老中に匹敵	
	御客会釈	将軍付きで、年寄の補佐。御三家、御三卿、諸大名などからの女使の接待	
	中年寄	御台所付きで、年寄の補佐。御台所の献立を指示し、毒味役も務める	
	中臈	将軍、御台所の身の回りの世話役。将軍付きから側室が出る	
	小姓	御台所の小間使い。7、8歳～15、16歳の少女が多い	
	御錠口	「上の御錠口」を管掌し、中奥との取次ぎをする	
	表使	諸大名の奥との交際や大奥男子役人との折衝を担う。「下の御錠口」を管掌し、年寄の指示で大奥の買い物をつかさどる	御目見え以上
	祐筆	日記、諸侯への達書、大名家への書状の執筆	
	御次	大奥の道具類を扱う。対面所などの掃除、召人の斡旋	
	切手書	「七つ口」から出入りする女中の親族などを改める	
	呉服間	将軍、御台所の服装・裁縫をつかさどる	
	坊主	剃髪姿の将軍付き雑用係。大奥と中奥との連絡係で、坊主だけが将軍の命を受け中奥へ出入りできた	
	御広座敷	表使の下働きで、御三卿、諸大名からの女使の膳部などの世話	
	御三之間	新規に採用された者が配属される。御三之間以上の居間の掃除、風呂の湯運び、年寄・中年寄・御客会釈・中臈詰所の雑用	御目見え以下
御家人、町人、農民の娘	仲居	御膳所で献立すべての煮炊き	
	火之番	昼夜を通して、各局・女中部屋を巡回し火の元を注意	
	使番	表使の下役として「下の御錠口」の開閉をつかさどり、御広敷用人との取次ぎにあたる	
	御末(御半下)	掃除、風呂・御膳所用の水汲みなど、すべての雑用にあたる下女	

出典：『大奥学』(山本博文・新潮社)

大奥女中は、御目見《おめみ》え以上の女中は旗本の娘から選ばれました。まずは御目見え以下の御三《おさん》の間《ま》から勤務を開始し、祐筆を経て表使になるなどの役人系の出世コースがありました。御次になり、将軍の目にとまって御中臈になる者もいました。将軍の手がついて御中臈になっても、子どもを産まないとそれ以上の出世は望めませんが、男子を産んでその子が将軍になれば、将軍生母として将軍家の家族に入ることができました。

御目見え以下の下働きの女中には、御家人《ごけにん》や江戸の商家や江戸周辺の農家の裕福な娘が選ばれました。彼女たちにとっては、上流階級の生活にふれる機会であり、良縁を得て大奥を退《の》くことが一つの目標でした。

●御目見え以下の女中にも草履《ぞうり》取りがいた！

大奥女中は、水汲《みずく》みなどに従事する最下層の御末《おすえ》も含めて、すべて大奥の別棟である長局《ながつぼね》という寄宿舎に暮らし、毎朝、御殿の中の自分が所属する大奥の部屋に通いました。

年寄は、自分の宿舎に女中を十人以上も召し抱えていました。彼女たちが、年寄の食事の用意や身の回りの世話などを行ったのです。御目見え以上の女中には、身分に応じてそうした女中が何人かかしずいていました。御目見え以下の御末でさえ、長局から御殿への外廊下を歩くため、草履取りを雇っていたと言います。

大奥では、多くの行事が行われました。上巳《じょうし》の節句では十二段飾りの雛人形《ひなにんぎょう》が御《ご》座《ざ》の間《ま》と御休息の間に飾られ、見物を許された者は大奥に入ることができました。端午《たんご》の節句では、柏餅《かしわもち》が下賜され、七夕では葉竹をたて願いを書いた短冊《たんざく》を結びつけます。ほかにも、嘉祥《かじょう》の祝儀では菓子や餅、重陽《ちょうよう》の節句では料理や酒、玄猪《げんちょ》の祝儀では餅が下賜されました。

新参の女中たちを裸で踊らせる新参舞という行事もあったとされます。これは、ある時、刺青《いれずみ》をした女中がいたため、それを吟味するためだとされていますが、実際には御目見え以下の女中が騒いで羽目《はめ》を外していただけでした。裸にしていたかどうかもわかりません。

七月十日の四万《しまん》六千日では、下級女中である火の番の詰所に観音菩薩《かんのんぼさつ》を飾り、廊下に商いの店が出ました。参詣にきた新参の女中たちに、店の老婆たちが、今日は宿下がり（一時、実家に帰ること）ができると騙《だま》すのが慣例だったと言います。こうした行事は、ふだんは退屈な大奥勤務の楽しみでした。

●年金も退職手当もあった！

大奥女中の給金は、年寄で基本給五十石、合力金《こうりょくきん》が八十両です。これは、金一両を十二万円として計算すると、千五百六十万円に相当します。そのほかに十人扶《ぶ》持《ち》、油・薪《まき》などの手当、町屋敷の支給などがあります。

表使ですと、基本給が八石、合力金三十両で、四百五十六万円、そのほか三人扶持、油・薪などの手当、町屋敷支給です。この役職は、外からの贈り物も多く、おおむね七百万円ぐらいにはなると思います。

それほど高額というわけではないのですが、当時の女性の職場としては恵まれたものでした。給料は、年に三回に分けて支給され、年末には御台所からお下がりの衣装などが与えられました。

大奥には、勤務を退いた後に、年金制度もありました。嘉永《かえい》七年（一八五四）の老中阿部正弘《まさひろ》の通達では、ペリー来航に伴う倹約により年金は引き下げられますが、四十年以上勤続の女中へは、切米《きりまい》か合力金の多い方と扶持方を一生与えるとし、三十年以上勤続の女中へは、「退職手当」として、その年と翌年分の充行《あておこない》を与えるとしています。

旗本の娘たちにとって大奥は、自立して生活するための職場だったのです。

Q47 ペリーはなぜ日本に来たのか？

―歴史のココをつかむ！― 貿易相手として浮上した東アジア

●ペリー来航の背景とは？

一八四六～四八年（弘化《こうか》三～嘉永《かえい》元）のメキシコ戦争勝利の結果、アメリカはカリフォルニア州を得ました。カリフォルニアでは金鉱が発見され、ゴールドラッシュに沸《わ》きました。また、太平洋岸に領土を得たことによって、にわかに東アジアが貿易相手として注目されるようになりました。

当時、**アメリカは、綿織物業における産業革命の真っ最中でした。望廈《ぼうか》条約《じょうやく》で開国した清は、生産した綿織物の販路として期待され、太平洋航路の開設が日程にのぼっていました。**当時の蒸気船は大量の燃料を必要としていたため、その石炭補給基地として日本は最適の位置にありました。また、アメリカは、灯火用鯨油《げいゆ》を取るための捕鯨業が盛んで、多くの捕鯨船を北太平洋に展開していました。捕鯨船はしばしば難破することもあり、補給基地も必要でした。

ペリーが日本に来航したのは、こうした事情があったからです。日本が国を鎖《とざ》していることは周知のことでしたが、アメリカとしてみれば、オランダと通商している日本が、他の外国の通商要求を拒絶する理由はないと思われたのでしょう。

アメリカ大統領フィルモアは、メキシコ戦争で名声をあげたペリー提督を特命全権公使に任命し、日本の開国をはかることを決定しました。

●ペリーは琉球《りゅうきゅう》占領も視野に入れていた⁉

ペリーは、一七九四年（寛政《かんせい》六）、アメリカ北部ロードアイランド州のニューポートで生まれました。父も兄も海軍軍人という海軍一家でした。

アフリカ西海岸や地中海で軍務につき、一八三三年（天保《てんぽう》四）にはブルックリンの海軍工廠《かいぐんこうしょう》に配属されます。三七年（天保八）にはアメリカ最初の蒸気軍艦を建造して初代艦長となり、「蒸気海軍の父」と称されました。当時五十九歳だったペリーは、アメリカ海軍きっての功労者だったのです。

ペリーが、蒸気船ミシシッピー号でアメリカ東海岸ジェームズ川河口のノーフォーク港を出航したのは、一八五二年（嘉永五）十一月二十四日のことでした。

ペリーは、喜望峰《きぼうほう》を経由し、モーリシャス島、セイロン島を経てシンガポールに到達しました。

ミシシッピー号は、大きな三本柱の付いた外輪船で、石炭は一週間分しか積めませんでした。そのため、順風の時は帆を揚げて航行していました。

一八五三年（嘉永六）四月七日、ペリーは、香港《ホンコン》に到着します。次いで広東《カントン》、マカオ、上海《シャンハイ》と航海を続けますが、香港では輸送船サプライ号が合流し、上海ではサスケハナ号が合流しました。こうして、ペリー艦隊の陣容が次第に調えられてきました。

嘉永六年（一八五三）四月十九日（西暦五月二十六日）夕刻、ペリーは、サスケハナ号を旗艦とし、ミシシッピー号とマカオから来たサラトガ号とともに琉球の那覇に入港します。

ペリーは、琉球が日本の薩摩《さつま》の領主の支配下にあることを知っていました。**それにもかかわらず琉球に寄港したのは、日本の実情を探り、開国の足がかりを得ようとしたためです。**艦隊の必要物資は、琉球で購入することが合意されました。

琉球を出航したペリーは、調査のため小笠原諸島に航海し、再び琉球に戻ります。ペリーは、権限さえ与えられれば琉球と小笠原諸島を占領しようと考えていました。もし日本が開国を拒否していたら、琉球が占領されるという事態にも立ち至ったかもしれません。

●ペリー来航前夜に起きていたオランダとの交渉

同年五月二十六日（西暦七月二日）、ペリーは、那覇を発《た》って日本に向かいました。本来、ペリーには、十三隻の艦隊が割り当てられる約束でした。しかし、艦隊の残りはいまだ到着せず、ペリー艦隊は、サスケハナ号、ミシシッピー号、サラトガ号、プリマス号の四隻《せき》しかありませんでした。日本はこの四隻の艦隊に驚いたのですが、ペリーは本国の対応に不満を持ちながら日本に向かったのでした。

日本の幕閣にとって、ペリー来航は寝耳に水のことではありませんでした。アメリカから日本へ特使を派遣するとの通告を受けたオランダが、これを日本に知らせ、開国を勧告することにしたのです。嘉永五年（一八五二）六月、長崎に入港したオランダ商館長のクルティウスは、「別段風説書《べつだんふうせつがき》」で、来年三月、アメリカの艦隊が日本を訪れ、通商を求めるであろうという情報をもたらしました。さらに、長崎奉行の助言を得たクルティウスは、東インド総督の公文を受理するよう、幕府に嘆願しました。

長崎奉行からの報告を受け、幕閣は、東インド総督の公文を受理するよう指示しました。その公文の内容は、鎖国政策を維持することには戦争の危険があり、むしろアメリカの来航に先んじてオランダと条約を結び、平和的に開国する方が得策であること、そのためそのような職務に慣れているクルティウスと相談されたいというものでした。

クルティウスは、長崎奉行の求めに応じて日蘭《にちらん》条約の草案を提示しました。しかし、長崎奉行にはこの草案を協議する権限はなく、幕閣に報告しました。

幕府内部では、クルティウスがもたらした重大情報に接し、然《しか》るべき対策を取る必要がありました。幕府では、勘定方《かんじょうがた》と目付《めつけ》から選抜された海防掛《かいぼうがかり》に審議を委ねました。

海防掛は、この情報の真偽を判断しかねたことから、長崎奉行が江戸に帰るのを待つ必要があると答申しました。十一月に江戸に帰ってきた長崎奉行が、オランダは漁夫の利を得ようとしているという報告をしたため、アメリカ船の来航はないであろうという希望的観測にすがることになりました。結局、幕府は、ペリーが実際に来るまで何もできなかったのです。

●ペリー、ついに浦賀に来航す

嘉永六年（一八五三）六月三日（西暦七月八日）午後二時頃、浦賀奉行所に異国船来航の知らせがありました。サスケハナ号を旗艦とするペリー艦隊四隻が、浦賀沖に姿を現したのです。浦賀奉行戸田氏栄《うじよし》は、与力《よりき》・同心《どうしん》総勢六十余人を引き連れて、久里浜《くりはま》で大砲演習をしたばかりでした。

ペリーは、浦賀沖に投錨《とうびょう》しました。この日は海岸線が見えないほど霧が深かったのですが、投錨する頃には霧が晴れ、富士山がはっきり見えるようになったといいます。

浦賀奉行所与力中島三郎助《さぶろうすけ》は、他の与力・同心、及び通詞《つうじ》堀達之助らを伴い、一番御用船に乗り込み、ペリー艦隊をめざしました。そして、旗艦サスケハナ号に近づき、オランダ語で船の国籍と来航目的を尋ねました。

応接にあたった通訳のポートマンは、アメリカ合衆国の船で、大統領の親書を日本国皇帝に呈するために来航した旨を答えました。そして、日本国の高官でなければ応接できないと通告しました。

中島は、浦賀副奉行であると名乗り、乗船して、次官の者であっても面会したいと要請しました。ペリーは、中島と通詞の乗船を認め、副官のコンティ大尉に応接を命じました。

コンティは、日本国高官に大統領の親書を渡すことを要求しました。中島は、長崎に廻航して長崎奉行に渡すようにと主張しますが、コンティは、本国政府からの命令なので、決して長崎には行かないと答えます。やむなく中島は、奉行に報告した上で回答するので、明日、また訪問することを確約して船を離れました。

翌朝、浦賀奉行所与力香山栄左衛門《かやまえいざえもん》が、浦賀奉行を名乗り、中島や通詞とともにサスケハナ号に乗船しました。ペリーは、ブキャナン中佐らに応接するよう命じました。

香山は、浦賀では大統領親書を受け取れず、たとえ受け取ったとしても回答は長崎に送られるであろう、と告げます。しかし、ペリーは、あくまで浦賀で手渡すつもりであり、もし政府の高官が来ないならば、力ずくでも親書を渡すと答えさせました。

香山らは、仕方なく、江戸の指示を仰《あお》ぐことを告げ、船を降りました。浦賀奉行は、ペリーの要求を江戸に知らせました。

ペリーは、軍事的な圧力を示すことが効果的だと考え、測量船を江戸内海に派遣することにし、ミシシッピー号に護衛を命じました。このペリーの方針は、効果を発揮し、怯《おび》えた幕閣は、ペリーの持参した大統領親書を受け取ることを決めました。

●「祖法《そほう》」を破ることになった大統領親書の受領式

六月九日（西暦七月十四日）、久里浜において、大統領親書の受領式が行われました。

ペリーは、三百人の上陸部隊に正装させ、十五隻のカッターで久里浜に向かいました。ペリーらは、日本の軍勢数千名が整列する中を上陸し、軍楽隊の演奏する中、この日のために建設された建物に入りました。

ペリー応接の責任者は、「ファースト・カウンセラー・オブ・エンパイア（帝国の最高顧問）」を詐称し、「プリンス・オブ・イズ」と名乗った浦賀奉行戸田伊豆守《いずのかみ》氏栄《うじよし》でした。呼び名は、戸田が「伊豆守」であったからですが、幕府の高官としたのは意図的な虚構でした。老中たちは、ペリーの前に出ようとはしなかったのです。浦賀奉行を詐称した与力の香山栄左衛門は、疑うペリーに対して、証明書を発給しました。江戸在勤の浦賀奉行井戸岩見《いわみ》守弘道《ひろみち》も、久里浜で戸田の補佐役として行動しました。ペリーは、戸田を「帝国最高顧問」、井戸を「その補佐役」と日記に書き留めています。

ペリーは、大統領親書と自分の信任状、またペリー自身がしたためた書簡三通の計五通を、オランダ語・中国語の翻訳とともに手渡しました。戸田からは、受領書が渡されました。大統領親書とペリー信任状は、長さ十二インチほどの堂々たる紫檀《したん》の箱に収められ、錠や蝶番《ちょうつがい》などの細工はすべて純金製でした。この会見では話し合いは行われないことが合意済みだったため、ペリーは、そのまま艦に戻りました。

ついにペリーは、幕府の「祖法」を曲げさせ、長崎以外の地、しかも江戸至近の久里浜で、大統領親書を受領させることができたのです。

Q48 なぜ井伊直弼《なおすけ》は桜田門外で暗殺されたのか？

―歴史のココをつかむ！―開国に激怒した天皇との攻防

●井伊直弼の果断な措置

安政《あんせい》五年（一八五八）二月五日に上洛した老中堀田正睦《ほったまさよし》は、孝明《こうめい》天皇や中下級公家《くげ》たちの強い反対をうけ、日米修好通商条約の勅許《ちょっきょ》を得ないままむなしく江戸に帰りました。

四月二十三日、彦根《ひこね》藩主で溜詰《たまりづめ》であった井伊直弼が大老に就任します。これは、十三代将軍家定《いえさだ》の意思でした。

大老は常置の職ではなく、通常は老中のうち先任の一人が首座として首相的な地位にあります。それまで大老は、譜代《ふだい》大名最高の家格にある井伊家の当主が任命されるのが慣例でしたが、どちらかと言えば名誉職的な存在でした。

しかし、直弼は、将軍の代理として老中を指揮して政治を主導し、老中の任免すら自由に行える権限を振るいました。深刻な対外的危機の中、将軍継嗣問題が急を告げる時期だったので、直弼は大老の潜在的な権力を活用し果断な政策をとったのです。

六月十九日、直弼は、全権委員の下田奉行井上清直《きよなお》と目付《めつけ》岩瀬忠震《ただなり》に、アメリカ総領事ハリスとの条約に調印させました。

直弼は、条約調印の二日後、堀田正睦と松平忠固《ただかた》の二老中を罷免しました。代わりに補充されたのが、太田資始《すけとも》、間部詮勝《まなべあきかつ》、松平乗全《のりやす》の三人で、いずれも老中経験者という異例の人事でした。

同月二十四日、尾張《おわり》藩主徳川慶恕《よしくみ》（慶勝《よしかつ》）、水戸《みと》藩隠居徳川斉昭《なりあきら》、同藩主徳川慶篤《よしあつ》が不時登城《ぶじ》（定例登城日以外に許可なく登城すること）し、条約調印は違勅《いちょく》の罪にあることを非難し、大老に越前《えちぜん》藩主松平慶永《よしなが》（春嶽《しゅんがく》）を立てること、幕府の強化が必要であることを要求しました。この要求は、大老を慶永に交代させ、暗に将軍継嗣に一橋慶喜《ひとつばしよしのぶ》を立てよというものでした。慶永も遅れて不時登城しましたが、席が違うため、斉昭らと同席はできませんでした。

しかし、発表されていませんでしたが、将軍継嗣にはすでに徳川慶福《よしとみ》（家茂《いえもち》）が決定していました。直弼は、条約調印がやむを得ないことを述べ、彼らの主張を退けました。

翌日、家定の意思として慶福の将軍継嗣が正式に発表されました。そして七月五日には、不時登城を理由に斉昭に謹慎、慶恕と慶永に隠居と謹慎を命じました。大老が御三家を処罰したのは初めてのことです。一橋慶喜には当分登城禁止が命じられ、翌日、慶篤にも当分登城禁止が命じられました。

●「安政の大獄《たいごく》」は「戊午《ぼご》の密勅」が原因となった

条約調印の報告を受けた孝明天皇は、無断調印に激怒します。天皇は、抗議の意思を示すため譲位を表明し、また幕府寄りの太閤鷹司政通《たいこうたかつかさまさみち》、関白九条尚忠《くじょうひさただ》の引退を促しました。

そして水戸藩に対し、幕府の無勅許の条約調印への批判、譲位の意思、将軍継嗣や幕府人事への不満などを表明する文書を送りました。この文書こそ安政の大獄の原因となった「戊午の密勅」（「勅」とは天皇が出す文書のこと）です。

朝廷が藩に直接勅書を出すのは、前代未聞のことでした。幕府を背負う直弼は、こうした天皇の行動を見逃すわけにはいきません。直弼は、京都所司代《しょしだい》酒井忠義《ただあき》を、京都に向かわせました。

小浜《おばま》藩主の忠義は、天保《てんぽう》十四年（一八四三）から嘉永《かえい》三年（一八五〇）まで京都所司代を務めた経験があり、安政五年（一八五八）六月に再任されていました。これはきわめて異例の人事です。忠義は、朝廷に圧力をかけ、また越前藩士橋本左《さ》内《ない》、小浜藩士梅田雲浜《うんぴん》などの尊皇《そんのう》攘《じょう》夷《い》派の志士たちを捕縛するなど、京都での安政の大獄を推進することになります。

孝明天皇は、幕府寄りの関白九条尚忠を辞職させ、左大臣《さだいじん》近衛《このえ》忠熙《ただひろ》を新関白にしようとしていました。武家伝奏《ぶけてんそう》（幕府との連絡にあたる公家）からこれを聞いた忠義は、天皇が幕府の返事を待たず、いきなり人事権を発動することなどあってはならない、と釘を刺します。

十月二十四日、老中間部詮勝が上洛してきました。条約調印を報告するためという口実ですが、実際には直弼の意を受けて、戊午の密勅に関与した公家たちの粛正を行うためでした。

詮勝は、尚忠の関白留任と、太閤鷹司政通、左大臣近衛忠煕、内大臣一条忠香《ただか》、前内大臣三条実万《さねつむ》らの辞官落飾《じかんらくしょく》（辞任して仏門に入ること）を要求しました。尚忠の留任はあっさりと受諾した孝明天皇でしたが、政通以下の処分にはなかなか同意しませんでした。天皇に要求をのませるためには、彼ら四人が水戸藩に荷担した事実を明らかにしなければなりません。そのため、多くの関係者が捕縛されることになります。翌安政六年（一八五九）四月、天皇はようやく彼らに落飾と慎《つつしみ》（自宅に籠もること）を命じました。

●「桜田門外の変」の勃発

安政六年（一八五九）十二月十五日　幕府は、水戸藩に勅諚《ちょくじょう》を朝廷に返納するよう命令しました。高橋多一郎《たいちろう》、金子孫二郎《まごじろう》、関鉄之介《てつのすけ》らの水戸藩激派は、返納に強く反対します。

翌安政七年一月十五日　老中安藤信正《のぶまさ》は、水戸藩主徳川慶篤に、二十五日までに返納しなければ、斉昭を違勅の罪に問う、と脅迫します。

斉昭は、勅書を返納することにし、返納はやむを得ないことだと諭達《ゆたつ》します。しかし、激派は了承しません。斉昭は、激派に「臣下として君命を用いないことは許さない」と通告しますが、激派は脱藩して江戸に出ます。

激派は、在府の薩摩《さつま》藩士と会議し、①金子孫二郎を責任者として大老井伊直弼を暗殺する、②高橋多一郎は上京し、薩摩藩同志の上京を待ち、京都に義兵をあげる、③朝廷を擁して幕府に臨み、幕政改革を断行する、という方針を立てます。

しかし、薩摩藩当局は水戸藩との連携を拒絶し、有村次左衛門《じざえもん》だけが脱藩して井伊直弼襲撃に参加することになります。

そうして起こったのが、三月三日の桜田門外の変です。

桜田門外で待ち伏せした金子孫二郎らは、短銃の合図で斬り込むことにしていました。直弼は、その駕籠《かご》に撃ちかけられた短銃の弾丸が太腿《ふともも》から腰に貫通し、動けなくなったようです。これが致命傷になったのかもしれません。

折からの雪のため、刀を袋に入れていた警固の彦根藩士は、有効に防御できず、有村によって直弼の首を取られてしまいます。

●直弼は生きていた!?

幕府の法では、藩主が襲撃されて死亡した場合は、武士道不心得《ふこころえ》として改易《かいえき》などの処分があることになっています。たとえば、江戸城で刃傷《にんじょう》事件があり、そこで絶命していても、とりあえず屋敷に運び込み、後日、養生かなわず死去した旨を届けます。そうすれば、刃傷を受けながら、気丈にも生き続けたということで、健気《けなげ》だということになり、罪には問われません。

武士道を重視する江戸時代ならではの法ですが、江戸時代は、建前は建前として維持し、その裏側で臨機応変に対応するという柔軟さがありました。

そのため、井伊家では、直弼の死骸《しがい》を駕籠に入れて屋敷に持ち帰り、幕府には登城中、負傷した旨を届けます。直弼の首は、藩士のものだとして、有村が持ち込んだ遠藤但馬守《たじまのかみ》屋敷に受け取りにいかせました。

そして、その後、直弼の死を幕府に届けました。

幕府の評定所では、襲撃した者に対する裁判を行いますが、それも殺人の嫌疑ではなく、傷害の嫌疑でした。『旧事諮問録《きゅうじしもんろく》』には、裁判にあたった小俣景徳《おまたかげのり》が、容疑者は殺したと白状しているが、彦根藩では首を取られたということは言わないので、次のような吟味をしたと言っています。

「重き役人に傷をつけて、いかにも不埒《ふらち》ではないか」というと、しまいには「恐れいります」という事になって、そこで拇印《ぼいん》をとって切腹でございます。なかなか最初の勢いは烈《はげ》しいのであります。それが三度、五度となると、だんだん柔らかくなって来たのであります。そうして恐れ入ったという所までいって拇印を捺《お》したので、みな死を決しておりました。

公式には、直弼は負傷しただけで、首は取られていないことになっていたのです。大老が登城するところを襲撃されるという大事件が起こっても、幕府は、武士社会の建前を重視した裁判を行っていたのです。

Q49 なぜ徳川慶喜《よしのぶ》は大政奉還《たいせいほうかん》を受け入れたのか？

—歴史のココをつかむ！— 見誤った薩摩《さつま》藩の内情と実力

●大政奉還を決断した慶喜の意図

います。

慶応《けいおう》三年（一八六七）十月十四日、十五代将軍徳川慶喜は、朝廷に大政奉還を行います。

大政奉還を行った慶喜の意図は、一般的には、先手を打って政権を返上し、新しい政府の中で主導権を確保しようとしたものだとされています。中には、大政奉還をすることによって、将軍と摂関を合一した権力を握ろうとしたものだ、という説もあります。

慶喜は、有能だと見なされているので、その彼がただで権力を手放すはずがない、という考え方です。これに対し、家近良樹《いえちかよしき》氏は、「内乱」の発生を嫌った慶喜が迷いに迷ってとった方策だったという説を提出しています（『徳川慶喜』）。

大政奉還は、土佐《とさ》藩から幕府に建白されたものでした。旧土佐藩士福岡孝弟《たかちか》の回想（『旧幕府』第二巻第一号）によれば、この頃、京都には、薩摩藩士が「充満」していたと言います。

薩摩藩の大久保利通《としみち》は、公家《くげ》の岩倉具視《ともみ》と共謀して「討幕の密勅」を得、一挙に幕府を倒そうと考えていました。「勅」とは天皇の命令ですが、当時、明治天皇は幼少であり、岩倉が勝手に創り上げたものでした。

福岡は大久保に、「挙兵するのを五日間待ってほしい」と頼み、若年寄《わかどしより》の永井た。

尚志《なおゆき》に談判に行きました。大久保は、五日間の延期すらたいへん不満なようでした。当然です。しかし、福岡から大政奉還を勧められた永井は、不承知の様子でした。当然です。しかし、福岡が「幕府の兵は、薩兵を圧する力があるか」と尋ねると、しばし思案し、「とうてい圧服すべき力はない」と言って、大政奉還の事を言上することを承諾した、と言います。

土佐藩の後藤象二郎《しょうじろう》と福岡が老中板倉勝静《かつきよ》に建白書を提出したのは、十月三日のことです。板倉は、何も言わずに受け取りました。

福岡らは、「これは平常の建白書ではありません」と念を押しましたが、板倉は「承知している」と言っただけで他には何も言いませんでした。

同月十日、慶喜は、かつて政事総裁職の任にあった松平春嶽《しゅんがく》に板倉を遣わし、大政奉還に関する意見を求めました。慶喜は、この頃までは迷っていたのです。

同月十二日、ついに決意した慶喜は、土佐藩に通知し、老中や大目付《おおめつけ》・目付らを二条城に招集し、大政奉還を決断したことを告げました。

そして翌日、京都にいた諸藩の重臣を二条城に招集し、大政奉還の意見書を示して諮問しました。慶喜は、薩摩藩に対しては、特に家老小松帯刀《たてわき》を指名して召しました。小松は薩摩藩の佐幕派であり、大久保などが出てくると面倒だと思ったからだったと後に語っています。

この時、二条城に集まった諸藩の重臣は、ちょうど五十人でした。

諸藩から議論噴出かと思われましたが、実際は何も言うものがいませんでした。「非常の御大事であるから、速やかに本国へ申し遣わしまして、藩論を承った上で、改めて上申をいたすでございましょう」と言って、みな退散したと言います（『昔夢会筆記《せきむかいひつき》――徳川慶喜公回想録』）。

これを見ると、諸藩も慶喜の言葉をどう受け取っていいのか迷っていたことがわかります。一方、幕臣たちは、大政奉還など論外の選択だと考えていました。ただし、薩摩藩の小松と土佐藩の後藤、福岡、広島藩の辻将曹《しょうそう》らは、慶喜に会見を申し出、即座に大政奉還を朝廷に申し出るよう意見しています。

このような中で、慶喜はなぜ決意したのでしょうか。

これは、**やはり薩摩藩士が京都に大勢いたということが鍵となるように思います。もし、大政奉還を申し出なければ薩摩藩士が暴発すると、慶喜が本気で考えていたのではないか、ということです。**

一橋《ひとつばし》家出身の慶喜には、自ら頼りにできる軍事力がありません。旗本らもそれほど多数は京都にいませんでした。頼りになるのは、京都守護職松平容保《かたもり》率いる会津《あいづ》藩の軍勢しかありません。こうした中で、慶喜は不安にかられたのではないでしょうか。

実は挙兵に大反対だった薩摩藩の内部事情

薩摩藩の挙兵計画は、それほど現実的なものだったのでしょうか。

この噂《うわさ》は、慶応三年（一八六七）五月二十四日、徳川慶喜主導で兵庫開港の勅許が行われた頃から流れています。兵庫開港勅許は、慶喜と薩摩・土佐・越前《えちぜん》・宇和《うわ》島《じま》の四藩主との関係を悪化させることになったからです。

長崎から上京してきた後藤象二郎は、薩摩藩の挙兵計画を聞き、何としても内乱を避けなければならない、と考えます。そこで、土佐藩京都藩邸の重役に、大政奉還を将軍に働きかけ、奉還後は朝廷内に新たに設置する議会に国政の運営を任せる、という案を提案します。内乱が起きることなく幕府を終焉《しゅうえん》させ、慶喜を中心に雄藩藩主が政治を遂行する体制に移行させる、という構想です。

これに西郷隆盛《たかもり》も飛びつきました。もし、慶喜が大政奉還を拒否すれば、それを大義名分として挙兵することができるからです。

八月十四日、西郷は、長州《ちょうしゅう》藩に挙兵計画を打ち明けています。京都に滞留している薩摩藩兵千名を三つに分け、御所の守衛を行うとともに、会津藩邸と幕府屯所《とんしょ》を襲撃する、というものでした。

しかし、この時、薩摩藩の国父（藩主の父）島津久光《ひさみつ》は鹿児島におり、出先の西郷や吉井友実《ともざね》らの先走った行動だったようです。

西郷らから出兵要請を受けた鹿児島では、なぜ京都へ出兵しなければならないのか理解できず、また財政窮乏もあって出兵は難しいとの議論が主流でした。京都藩邸の最高責任者である家老関山糺《ただす》らは、挙兵に大反対で、久光の許可を得て西郷を手討ちにしようとまで考えていました。

薩摩藩士の一人は、「この二人（西郷と吉井）はどういう者たちなのだろう。（挙兵すれば）長州藩の二の舞になることは明らかで、初めは勢いがあるかもしれないが、すぐに兵糧切れになるのは疑いない。実に国家（薩摩藩）の大賊とも言うべく、憎むべき者たちである」と日記に書いています。

多くの薩摩藩士にとって、まだ幕府は強大な相手で、とうてい薩摩藩だけで倒幕などという大それた計画を実現できるとは考えていなかったのです。

西郷にしても、薩摩藩の京都挙兵で倒幕が実現するという成算があるわけではありませんでした。ただ、倒幕の尖兵《せんぺい》となって死ねばよいという、この頃の尊皇攘《そんのうじょう》夷《い》派に特徴的な思考方法があったにすぎません。

しかし、薩摩藩内部が対立を含み、西郷らの強硬路線が少数派であったとしても、土佐藩が大政奉還の建白書を出した頃には、薩摩藩の挙兵計画が実体のあるものと受け取られていたのです。

大政奉還は、摂政二条斉敬《なりゆき》や中川宮（朝彦《あさひこ》親王）にとっても衝撃でした。即位したばかりの明治天皇は幼少で、また政治を数百年にわたって武家に任せていた公家たちに国政担当能力はなかったからです。

慶喜は、督促してまで大政奉還の受諾を求めます。形式的にではなく、本気で大政を奉還しようと考えていたのです。

その後の歴史的経過から考えれば、政治の実権を握る根拠となる将軍職を手放したのは失敗でした。しかし、慶喜とすれば、大政奉還によっていったん事態を収め、その後は自分の政治力で国政の主導権を握るという選択もありえるように思えたのでしょう。

激動する政治の場では、相手の内情や本当の実力は見えません。慶喜の場合は、相手を過大評価し、一時後退の手段をとったために、流れを相手に渡してしまったのです。この時、別の決断をしたら、政局は別の形で動き、日本近代のあり方もまったく違っていたかもしれません。

Q50 誰が坂本龍馬《りょうま》を暗殺したのか？

―歴史のココをつかむ！― 暗殺者の証言と西郷黒幕説の真偽

●危険を認識していた龍馬

司馬遼太郎氏の『竜馬がゆく』では、龍馬は自らの生命すら達観しており、運命に身を任せたように書かれています。

確かに龍馬は、大政奉還を実現するきっかけを作り、幕臣や新撰組《しんせんぐみ》などに命を狙われていたにもかかわらず、河原町《かわらまち》四条上《しじょうあが》ルの近江屋《おうみや》に潜伏し続けています。危険だとは思わなかったのでしょうか。

龍馬が同郷の友人望月清平《せいへい》宛てに書いた手紙（宮地《みやじ》佐一郎『龍馬の手紙』）によると、薩摩《さつま》藩の吉井友実《ともざね》が、「いまだ土佐《とさ》藩邸にも入ることができないとのこと、『四条ポント町』くらいでは危険です。三十日ほど前にも、幕吏らが龍馬が京都に入ったという謬伝《びゅうでん》（間違った情報）を入手し、土佐藩邸にも尋ねてきました。それなら、二本松の薩摩藩邸に早く入ってください」と言い送ってきています。

龍馬が命を狙われているということは、関係者誰もが知っていることだったのです。

龍馬は、二度も脱藩しており、土佐藩邸に入ることはできないと思っていました。だからと言って、薩摩藩邸に身を隠すのは嫌なので、「万一の時があれば、主従共にここで一戦した上で、土佐藩邸に引き取ろうと決心した」と書いています。寺田屋遭難事件（慶応《けいおう》二年〈一八六六〉一月）の時と同じく、襲撃されても逃げられると考えていたのです。

●当初、龍馬暗殺の犯人は新撰組とされていた

龍馬が刺客に襲われたのは、慶応三年（一八六七）十一月十五日の夜です。刺客は、「十津川《とつかわ》の者」と名乗り、下僕《げぼく》の藤吉《とうきち》が取り次ぐために二階に上がっていくのをつけ、藤吉を斬って部屋に入りました。

部屋には龍馬のほか、陸援隊《りくえんたい》長中岡慎太郎《しんたろう》がいました。

不意を突かれた龍馬は、刀をとる暇もなく、額を刀で横殴りにされました。致命傷となる傷でしたが、龍馬はなお床の間の刀をとろうとしました。しかし、右肩から斬りつけられ、さらにまた額を斬られました。

中岡は小刀を鞘《さや》のまま使って抵抗しましたが、両手足を斬られました。刺客が去った後、龍馬は隣の部屋まで行き、「医者を呼べ」と階下へ言い、「わしは脳をやられたからもう駄目じゃ」と言って倒れました。これは、襲撃のあと十七日の夜まで生きた中岡の証言によります。

龍馬暗殺の犯人は、当時は新撰組だと信じられていました。土佐藩の谷干城《たてき》は、新撰組隊長近藤勇《いさみ》が流山《ながれやま》で捕縛された時、龍馬の恨みもあって厳罰を主張しています（松浦玲『坂本龍馬』）。

●龍馬暗殺の犯人

しかし、事実はそうではありませんでした。幕府が京都の治安維持のため創設した京都見廻役《みまわりやく》の手の者の仕業だったのです。京都見廻役は、元治《げんじ》元年（一八六四）四月二十六日に設置された役で五千石高、配下に見廻組与頭《くみがしら》・同勤方《つとめかた》の二百名ほどがいました。

真相が明らかになったのは、箱館《はこだて》戦争で降伏したもと京都見廻組の今井信郎《のぶお》が、兵部省《ひょうぶしょう》と刑部省《ぎょうぶしょう》の取り調べで自分が龍馬暗殺の刺客の一人だったことを自供したからです。

龍馬襲撃の命令を出したのは見廻役の小笠原弥八郎《やはちろう》、命じられたのは見廻組の与頭佐々木只三郎《たださぶろう》という者でした。佐々木は、部下六人を連れて近江屋に行き、二人を斬ったのです。

大政奉還の立役者龍馬を恨んでの指示でしたが、龍馬は武力倒幕には反対しており、見廻役は徳川家の味方になるべき同志を殺したことになります。

今井は、自分は見張り役で手を下していない、と供述しています。襲撃メンバーは、戊辰《ぼしん》戦争でほとんどが戦死していましたから、今井の供述が本当かどうかわかりません。自分が襲撃に加わっていたとしても、わざわざそれを話すわけがないからです。

龍馬暗殺の黒幕に西郷隆盛がいたという説もあります。その根拠は、武力倒幕をめざしていた西郷にとって龍馬は邪魔な存在だったはずだ、という憶測で、熊本藩細川家の史料に「坂本を殺したのも薩人だろう」と書いてあることが傍証になります。

しかし、龍馬を殺せば、薩土盟約を結んだばかりの土佐藩との関係を悪化させることになります。それにその頃、西郷は薩摩に帰って、藩論を倒幕に統一するため一生懸命でした。そんなことをする暇はありません。

なんと言っても西郷は、旧知の間柄にある龍馬を高く評価していました。そのため、龍馬の死を聞いた西郷は、土佐藩参政の後藤象二郎《しょうじろう》に次のように詰め寄ったといいます。

「おい後藤、貴様が苦情を言わずに土佐屋敷に入れておいたなら、こんな事にはならないのだ。ぜんたい土佐の奴《やつ》らは薄情でいかん」

そして後藤が「いや苦情を言ったわけではない、実はそこにそのいろいろ……」と弁解すると、「何がいろいろだ、おもしろくもない。どうだ、貴様も片腕をなくして落胆したろう。土佐、薩摩を訪ねても外にあのくらいの人物はないわ。ええ惜しい事をした」と言い、悔やし泣きに泣いたといいます。これは、龍馬の妻、お龍《りよう》が後に話したことです（「反魂香《はんごんこう》」三）。

中岡が死んだ十七日の夜、龍馬と中岡の葬儀が神葬で行われました。二人が葬られたのは、東山の霊山《りようぜん》墓地です。現在でも、龍馬の命日には、多くの人が集まっています。

第四章

近・現代の講義

戦争を止められなかった日本

八　近代　戦争の時代

Q51　明治新政府はどこから人材を発掘したのか？

―歴史のココをつかむ！―藩の名誉と新しい国家を担った秀才たち

●新政府の中央官制

慶応三年（一八六七）十二月九日、朝廷は、王政復古の大号令を発します。関白などの朝廷の制度は廃止され、新しい役職として総裁・議定《ぎじょう》・参与《さんよ》の三職が置かれます。

議定には、皇族、公家《くげ》、大名が選ばれますが、「上《かみ》の議事所」と称された議定会議を主導したのは下級公家だった岩倉具視《ともみ》でした。

実務的な議論を行うために設けられたのは、「下《しも》の議事所」と称された参与会議でした。参与の中心となったのは、倒幕派有力藩士でした。薩摩《さつま》藩から岩下方平《みちひら》・

西郷隆盛《たかもり》・大久保利通《としみち》の三名、土佐《とさ》藩からも後藤象二郎《しょうじろう》・福岡孝弟《たかちか》・神山郡廉《こうやまくにきよ》の三名が選ばれています。しかし、彼らだけではなく、尾張《おわり》藩から田中不二麿《ふじまろ》ら二名、越前藩から中根雪江《なかねせっこう》ら三名、広島藩から辻将曹《しょうそう》ら三名など諸藩から選ばれています。公家からも、大原重徳《しげとみ》らのほか、橋本実梁《さねやな》ら若手の倒幕派が加わっていますが、それほどの影響力はありません。

●有能な人材を集める徴士《ちょうし》制度

しかし、これらの者は、国家の指導方針を決めるいわば政治家たちでした。それと並行して新しい国家の行政事務を行うことは現実にはできません。その下部の官僚機構がどうしても必要でした。

当時、そのような人材は、朝廷にはいません。また、旧幕府も敵対していたので、これまで全国政治を担ってきた旗本たちに頼ることもできません。そうなると、残るのは、諸藩の人材だけです。翌年一月十七日、新政府は、徴士制度を制定しました。諸藩から、有能な人材を政府に徴するというものです。

大久保利通らのほか、広沢真臣《さねおみ》・前原一誠《いっせい》・伊藤博文《ひろぶみ》・山県有朋《やまがたありとも》（長州《ちょうしゅう》藩）、由利公正《きみまさ》（越前《えちぜん》藩）、陸奥宗光《むつむねみつ》（紀州《きしゅう》藩）、福岡孝弟・佐々木高行《たかゆき》（土佐藩）、副島種《そえじまたね》

臣《おみ》・大隈重信《おおくましげのぶ》・大木喬任《たかとう》（肥前《ひぜん》藩）、横井小楠《しょうなん》（肥後藩）、吉井友実《ともざね》・川村純義《すみよし》（薩摩藩）らをはじめとして、最終的には六百人ほどの徴士が新政府に加わります。**徴士は、出身藩を離れて新政府の所属となりますが、その中心は、薩長土肥四藩であり、議定を出している越前藩・尾張藩・広島藩などもそれに準ずる数の徴士を出しています。**そのほか、加賀《かが》藩・大垣《おおがき》藩・鳥取藩・岡山藩・宇和島《うわじま》藩などからも徴士は出されています。

戊辰《ぼしん》戦争の勝利は、もちろん薩長土肥四藩の働きが大きいのですが、天皇の命令で旧幕府を攻めるという形をとっていたため、多くの藩が新政府に味方しました。それらの藩の功績を無視するわけにはいかず、また、より広い範囲から人材を登用する必要もありました。

ただし、当時、藩士は藩主のために存在していました。そんな彼らが、藩から離れ、新政府の官僚になるのは、かなりの心理的な抵抗があったようです。

●教育による人材養成

明治三年（一八七〇）七月、明治新政府は、大学南校《だいがくなんこう》に貢進生《こうしんせい》を置くという布告を出し、諸藩に洋学を学ぶ秀才を送り出すよう命じました。「貢進生」とは、諸藩から貢いだ人材という意味でしょう。徴士は即戦力として活用されますが、貢進生は教育を施され、将来の人材となるべく育てられる者たちでした。

諸藩からは三百名ほどの若者が貢進生として東京に集まりました。新政府には財政的な余裕がなかったので、学費や寮費、書籍代などはすべて藩が拠出することとされました。藩からお金を出してもらっている貢進生は、藩の名誉をかけて勉学に励み、明治政府の有能な官僚や学者となっていきました。

その代表的な人物に、福岡藩出身の金子堅太郎《けんたろう》、日向《ひゅうが》の飫肥《おび》藩出身の小村寿太郎《こむらじゅたろう》、美作《みまさか》の真島《ましま》藩（旧勝山藩）出身の鳩山和夫らがいます。

金子はハーバード大学に留学し、明治憲法の制定に尽力しました。小村もハーバード大学に留学し、外交官として活躍、日露戦争の講和条約であるポーツマス条約の締結を行いました。鳩山は、イェール大学に留学し、法学博士となり、のち政界に転出して衆議院議員となります。

小村のように、明治時代に活躍する人物で、倒幕に活躍したわけでもない意外な中小藩出身者がいるのは、この貢進生制度のためなのです。ただし、廃藩置県の実施により、貢進生の制度は、一度限りで終わりました。その後、教育による人材登用を担うのは、明治十九年（一八八六）三月に創設された帝国大学になります。

Q52 なぜ新渡戸稲造《にとべいなぞう》は『武士道』を書いたのか？

―歴史のココをつかむ！― 世界に問われた日本人の倫理観

●日本を知ってもらうための著書

新渡戸稲造が『武士道』の執筆を思い立ったのは、ベルギーの法学者ド・ラブレー氏から、宗教教育がない日本でどうやって道徳教育が授けられるのかと問われ、即答できなかったことをあげています。ド・ラブレー氏への遅れた解答が『武士道』であり、武士道こそが自分に道徳の観念を吹き込んでくれた教育精神であった、というのです。

確かに、『武士道』執筆にあたってド・ラブレー氏の質問が一つの契機となっていたでしょう。しかし、実際の動機はそれだけではなかったはずです。

『武士道』には、岡山藩兵がフランス人水兵らを銃撃したため、隊の責任者であった滝善三郎《ぜんざぶろう》が切腹する様子が外国人の筆によって詳しく紹介されています（神戸事件、第十二章）。その頃の日本は、欧米諸国にとってアジアの野蛮な国家であり、そういう偏見は近代国家となった日本にもつきまとっていました。

本書が刊行された明治三十二年（一八九九）は、日本が四年前に日清戦争に勝利し、ようやく世界の先進国の仲間入りをしようとしていた時期です。国際人であった新渡戸は、そうした誤解を解かなければならないと考えたに違いありません。新渡戸が、第十二章と第十三章で、切腹を礼法上の制度とし、武士階級の間では刀の濫用が強く抑制されたことを懇切に説明しているのは、それを強く意識したものだと思われます。**本書執筆の本当の意図は、日本人が法律と礼儀を備えた文明国であるということを主張するところにあったのでしょう。**

新渡戸は、『武士道』を、「道徳体系としての武士道」という章から書き始めています。冒頭の一文は、武士道を「桜の花」にたとえた有名なものです。

武士道は、日本の標章《しるし》である桜の花にまさるとも劣らない、わが国土に根ざした花である。

これは、本居宣長《もとおりのりなが》の「敷島《しきしま》の大和心《やまとごころ》を人問わば　朝日ににほふ山桜花」という和歌を下敷きにしたものですが、宣長の場合は「大和心」、すなわち日本人の心の象徴としたものを、新渡戸は「武士道」の標章としています。

新渡戸は、「武士道」をまずシヴァルリー（chivalry）と英訳し、武士道を、ヨーロッパのシヴァルリー（騎士道）と類似した道徳、あるいは身分に伴う生き方だと紹介し、その上で、「ブシドウ」は単に「騎士の倫理」というよりも深い意味があるとしました。

「武士道」は、語句の意味で言えば、戦う騎士の道、――すなわち戦士がその職業や日常生活において守るべき道を意味する。ひと言で言えば、「戦士の掟《おきて》」、つまり戦士階級における「ノブレス・オブリージュ noblesse oblige（高貴な身分に伴う義務）」のことである。

つまり武士道は、日本人の倫理の根幹にある観念だとしたのです。新渡戸の『武士道』は、日本で初めて武士道思想を体系的に述べようとした書物だということができます。

そのため、新興国日本を知りたいと思う欧米各国で、日本を知るために絶好の参考書としてベストセラーになったのでしょう。

●新渡戸稲造の生涯をたどる

文久《ぶんきゅう》二年（一八六二）、新渡戸は、南部《なんぶ》藩士新渡戸十次郎《じゅうじろう》と妻せきの間に三男として生まれます。十次郎は、父の傳《つとう》とともに三本木原《さんぼんぎはら》（青森県十和田市）の開拓を行っており、稲造の「稲」の字は、その地域で初めてとれた稲にちなんだものです。

五歳の時に父を失った新渡戸は、明治四年（一八七一）、祖父傳の勧めで叔父の太田時敏《ときとし》の養子となって上京し、十三歳の時、東京英語学校に入学し、札幌農学校、東京大学などで学び、アメリカへ留学します。新渡戸は、東京大学の入学試験面接時、教授に「太平洋の橋になり度《たい》と思ひます」と抱負を述べた（『帰雁《きがん》の蘆《あし》』）ように、早くから外国留学を志していました。

帰国後は、札幌農学校、台湾総督府勤務を経て、京都帝国大学教授、第一高等学校校長、東京帝国大学教授、東京女子大学初代学長などを歴任、大正八年（一九一九）には国際連盟事務局次長に内定し、翌年から十五年（一九二六）まで六年間務めます。辞任後は貴族院議員などを務めています。

妻のメアリー・エルキントンは、日本人の思考方法や風習について疑問に思い、よく新渡戸に質問していました。新渡戸とは、キリスト教の一会派であるクェーカー教徒の集会で知り合っています。新渡戸にとって、クェーカー主義の影響は大きく、この思想に出合ったことでキリスト教と東洋思想とを調和させることができたと語っています。

●新渡戸『武士道』の真価

新渡戸は、第十五章で、武士道の影響として、武士によって形作られた武士道倫理が全日本人の理想となり、民衆の間に広まっていったと述べています。

しかし、新渡戸が挙げている美徳は、必ずしも武士道に発するものだけではありません。新渡戸の『武士道』は、武士道を解説しようとしながら、次第に武士を離れ、日本人一般の美点をあげ、それを外国人に理解させようとするものになっています。それは、新渡戸の時代にもすでに失われつつあった理想的日本人論だと言うことができます。新渡戸が武士道を、宣長が大和心の標章とした「桜の花」にたとえたのも当然だったのです。

新渡戸が『武士道』を書いた十九世紀末の日本では、すでに武士階級は消滅し、「武士道」的な思想様式もすでに過去のものとなりつつありました。しかし新渡戸は、第十六章「武士道はまだ生きているか」において、まだ武士道的な思想は生きていることを主張しています。新渡戸にとって日清戦争の勝利は、「忍耐強さ、不《ふ》撓《とう》不屈の精神、勇敢さ」によるものであり、まさに「武士道」の賜物《たまもの》だったのです。

新渡戸が武士の美徳として描いたものも、実は武士のみにとどまらない日本人一般の美徳でした。その意味で本書は、武士道を解説した書物というよりも、日本文化論の嚆矢《こうし》だと言っていいと思います。

これまで新渡戸の『武士道』は、武士道を解説した書物だと考えられてきました。しかし、本来の武士道は新渡戸が書いたような理性的なものではなく、武士道については誤解の多い本です。**本書の真価は、武士道書であることではなく、新渡戸が理想とする日本人の姿を外国人に示した優れた日本文化論になっていることです。**その意味で、本書は、日本人が初めて自分で日本文化の特質を意識化した、記念碑的作品だと言っていいでしょう。

Q53 乃木希典《のぎまれすけ》将軍は愚将だったのか?

―歴史のココをつかむ!― 小説の歴史的評価を見直す

●旅順《りよじゆん》要塞《ようさい》攻防戦――二〇三高地奪取の真実

明治三十七年(一九〇四)二月八日、日本がロシアに国交断絶を通告して始まった日露戦争は、乃木希典大将を司令官とする第三軍とロシアの旅順要塞との攻防戦が最大の山場でした。この戦いについては、周知のように、司馬遼太郎氏による『坂の上の雲』という小説があります。司馬氏は、この小説を「事実に百パーセント近く拘束された」と書いており、小説に描かれた戦争の経過がそのまま史実だと受け取られています。

しかし、司馬氏が描く乃木大将は人命の損傷を厭《いと》わず、愚直に正面攻撃を繰り返して多大な犠牲を出した愚将として描かれています。これは果たして史実と見ていいのでしょうか。

事実関係を整理すると、次のようになります。

八月十九日、乃木は旅順要塞の東北正面に第一回総攻撃をかけます。しかし、要

●旅順要塞図

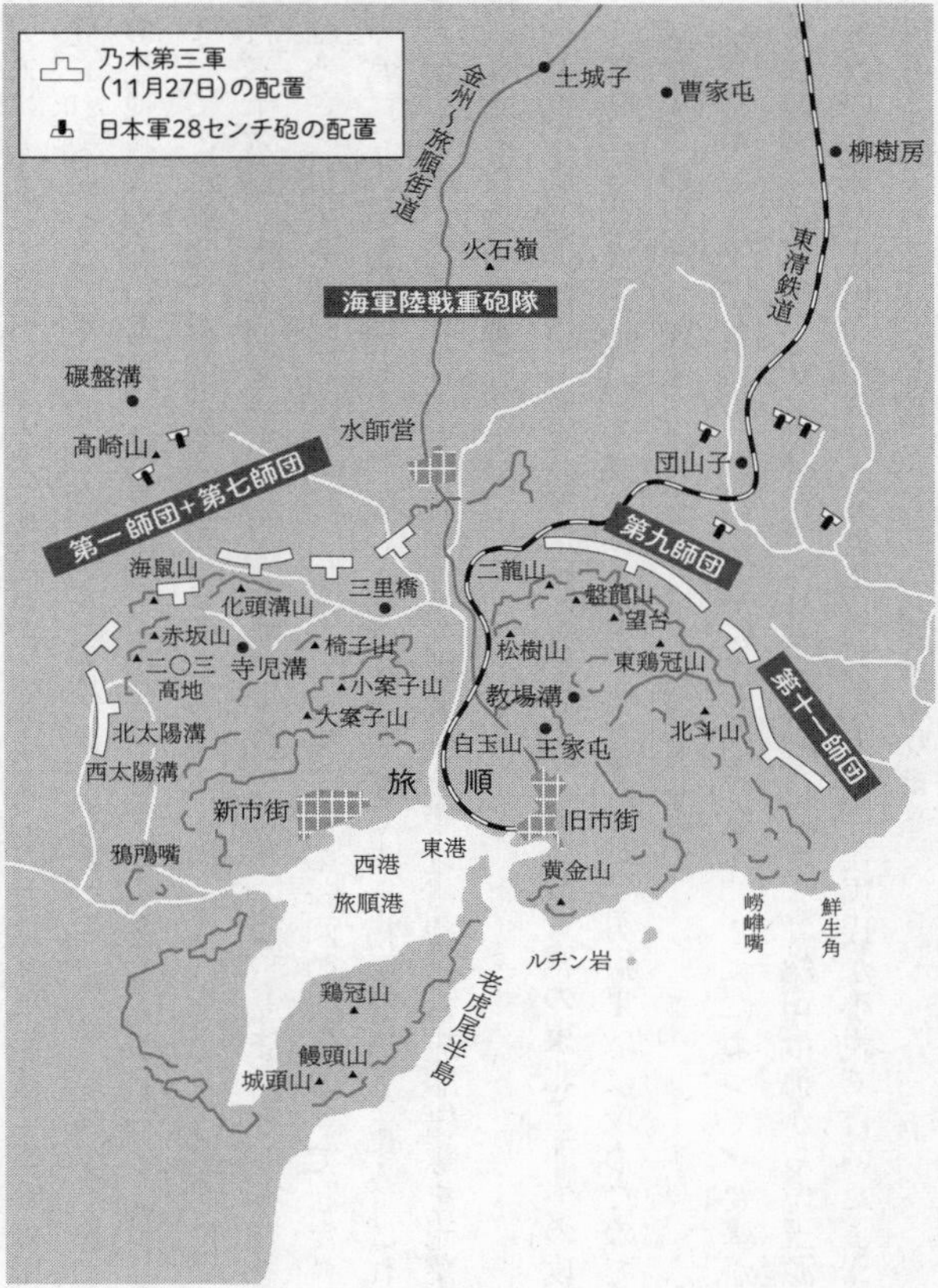
乃木第三軍
（11月27日）の配置
日本軍28センチ砲の配置
金州〜旅順街道
土城子
曹家屯
柳樹房
東清鉄道
火石嶺
海軍陸戦重砲隊
碾盤溝
高崎山
水師営
団山子
第一師団＋第七師団
第九師団
海鼠山
二龍山
盤龍山
望台
三里橋
化頭溝山
赤坂山
椅子山
松樹山
東鶏冠山
二〇三
高地
寺児溝
小案子山
教場溝
大案子山
第十一師団
北斗山
北太陽溝
白玉山
王家屯
西太陽溝
旅
順
新市街
旧市街
鳩湾嘴
西港
東港
黄金山
旅順港
嶗嵂嘴
鮮生角
ルチン岩
老虎尾半島
鶏冠山
饅頭山
城頭山

塞の火力に阻まれ、一万五千もの死傷者を出します。これは、開戦後要塞が飛躍的に強化されていることをつかんでいなかったためでした。

この敗戦によって乃木は、坑道を掘って接近する正攻法をとることにします。これによって、水《すい》師《し》営《えい》堡塁《ほうるい》などを征圧します。

十月二十六日、第二回総攻撃を行います。一部の堡塁を奪取しますが、要塞を陥落させることはできませんでした。ただし、死傷者は第一回の四分の一でした。

大本営は、方針を転換して、二〇三高地を奪取するよう指示を出します。これは海軍の要請によったもので、二〇三高地に観測所を設け、陸から旅順艦隊を砲撃して潰滅させるための作戦でした。

十一月二十六日、第三回総攻撃が行われます。これも要塞の東北正面への攻撃で、この時、有名な白襷《しろだすき》隊の決死の突撃がありました。勇猛果敢に攻めたのですが、ロシア軍の要塞は堅く、結果的には大失敗でした。

翌日、乃木は、主力を二〇三高地攻撃に振り向けます。これによって、要塞からロシア兵をおびき出せるかもしれない、と考えたようです。総司令部から児玉源太《げんた》郎《ろう》総参謀長が来たのはこの攻撃のさなかでしたから、司馬氏が小説で書いたように児玉の考えによって作戦を変更したわけではありません。

そして十二月五日、ついに二〇三高地を奪取します。第三軍の死傷者は一万七千人に及び、そのうちの一万は二〇三高地攻撃のためでした。しかし、ロシア軍の死傷者はそれを上回っています。この戦いは互いの軍にとって厳しい消耗戦で、人員の補給のないロシアの方が大きな打撃を被ったことになります。

二〇三高地を奪取したことによって、日本軍は観測射撃で旅順艦隊を砲撃することが可能になり、旅順港に浮かんでいたロシア艦船を潰滅させました。もっとも、これらのロシア艦船はほとんど戦闘力を失っていたことが、後にわかります。

その後も戦闘は続きます。乃木は、坑道を掘って堡塁を爆破するという正攻法を継続し、東鶏冠山北《とうけいかんざんきた》堡塁、二龍山《にりゅうさん》堡塁、松樹山《しょうじゅさん》堡塁などを次々に落とし、翌年一月一日には最高所にある望台を落とします。これによって抵抗をあきらめたロシア軍司令官ステッセルは、ついに降伏しました。

●覆《くつがえ》る乃木将軍の評価

このような経過から、軍事史家の原剛氏は次のように述べています（「二〇三高地の真実・総論」）。

乃木第三軍に犠牲を強いたのは旅順要塞の強固さだけでなく、海軍の支援要請の遅れから要塞の攻略を急がせ最新情報がつかめなかった点、またその後、海軍と大本営が攻略（最初は旅順要塞、途中から二〇三高地）をさらに急《せ》かせた点です。そうした中で冷静に正攻法を選択し、世界で初めて近代要塞を攻略した乃木の決断と第三軍の敢闘は、賞賛されるべきでしょう

参謀本部編『明治三十七八年日露戦史』（全十巻）などの基本史料を批判的に分析して得られた、原氏の結論は説得的であると思います。司馬氏は、この史料集を「明治後日本で発行された最大の愚書」と酷評していますが、その司馬氏が依拠《いきょ》したのはずいぶん偏《かたよ》りのある大正時代に書かれた谷寿夫《ひさお》氏の『機密日露戦史』です。

それでは、なぜ司馬氏は、乃木希典の作戦をあれほど批判したのでしょうか。これは、中西輝政《てるまさ》氏の言うように、太平洋戦争における「悪《あ》しき精神主義」への反省からでしょう（「旅順攻略の奇跡を起こした第三軍が語る『日本人の真価《たた》』とは何か」）。日露戦争後、旅順での壮烈な突撃が称揚《しょうよう》され、乃木は「軍神」と称えられます。それによって日本軍は、精神論に依存し、補給と情報を無視した作戦を繰り返すことになります。そのため、敗戦の反動から、旅順攻囲戦は人命を軽視した愚劣な戦い

とされ、乃木は軍事的にまったくの愚将であるとされることになったのです。司馬氏の理解は、このような時代に拘束されたものだったのです。

乃木に対するこうした評価の見直しは、十分に説得的だと思います。歴史家は、軍事的な知識に乏しいこともあって戦略論には深入りしないのですが、より深めていきたい論点だと思います。

●日露戦争を歴史的評価で見直す

その後の奉天《ほうてん》会戦についても、司馬氏は、第三軍が「迷子同然」で何をやっていたのかわからないように書いていますが、実際には、第三軍がロシア軍右翼を迂回《うかい》して側背に迫り、ロシア軍に混乱が生じたところを第一、第二、第四軍が正面南方から攻めるという作戦でした。

第三軍は、敵が繰り出す部隊と戦いながら奉天に迫ります。これを知ったロシア極東軍総司令官クロパトキンは、旅順の攻囲戦に勝利した名将乃木に退路を断たれると怯《おび》え、奉天からの撤退を決め、敗北することになるのです。

小説は、虚構でも根拠のない断定でも、多くの読者に大きな影響力を持ちます。特に司馬氏は、史料に基づいてものを言っているように書くので、ほとんどの読者は、史実だと思うでしょう。歴史研究者が、確かな史料をもとに、正確な史実を提示していくことが望まれます。

それでは、日露戦争はどのように評価すればいいのでしょうか。

文部科学省が作成した学習指導要領解説では、「(日清・日露)両戦争後我が国が韓国併合や満州(現在の中国東北地方)への勢力の拡張などを通じて植民地支配を進めたことを、国内政治や英露の対立などの国際環境と関連させながら考察させる」と書いています。

日本は、日清戦争で獲得した賠償金で第二次産業革命を遂行し、日露戦争後には植民地支配を進展させます。これは、日露戦争を国家防衛戦争として描く「司馬史観」とは大きく対立する見方だと言えます。

当時の政府は、日露戦争を、日本の安全保障のために朝鮮半島を勢力下に置くための戦いだと考えていました。満州の権益も問題にはなっているのですが、日本はそこに、それほど切実な意味を認めていません。その意味では国家防衛のための戦争なのですが、戦闘が旅順や奉天で行われていることを考える時、これを国家防衛戦争とするのは無理があります。その意味で、学習指導要領解説は、妥当な見方を示していると言っていいように思います。

Q54 なぜ「ゼロ戦」は「ゼロ」なのか？

―歴史のココをつかむ！― 最新鋭技術の開発現場

●神武《じんむ》紀元二千六百年でつくられた零式《れいしき》艦上戦闘機

映画にもなった百田尚樹《ひやくたなおき》氏の『永遠の0《ゼロ》』は近年には珍しい戦争モノのベストセラー小説ですが、筆者の少年時代には、ちばてつや氏の『紫電改《しでんかい》のタカ』などの戦争マンガがけっこうありました。その中でゼロ戦は最大のヒーローで、名前もかっこいいと思っていましたが、なぜゼロ戦が「ゼロ」なのかを考えたことはありませんでした。

清水政彦氏の『零式《れいしき》艦上戦闘機』を読んで、それがわかるとともに、ゼロ戦の実体についても教えられました。清水氏の著書のエッセンスを紹介していきましょう。

帝国陸海軍の軍用機の命名法は、「年式＋機種名」でした。ゼロ戦の「零式」とは制式採用年次であり、採用されたのは昭和十五年（一九四〇）です。大正時代が十五年間しかなく、大正初期に制式化した現役兵器と年式がダブるのを防ぐため、昭和四年頃から神武紀元が年式に使われるようになっていました。**昭和十五年は、神武紀元二千六百年（二六〇〇）で、そのため「零式」になったのです。部隊では、「れいせん」「ぜろせん」両方の呼び方があったようです。アメリカ軍は、コードネームの「ゼロ」と呼んで恐れました。**

ちなみに、それまで海軍の艦上戦闘機は、「九六式《きゅうろくしき》」も採用されていましたが、数の上では「九〇式《きゅうまる》」が主力でした。「九〇式」だと昭和五年採用の古い戦闘機だということがわかります。

ゼロ戦のメーカーは三菱で、ゼロ戦の主任設計技師である堀越二郎《ほりこしじろう》氏は、スタジオジブリの宮崎駿《はやお》監督の映画『風立ちぬ』の主人公としても知られるようになりました。ただし、エンジンは中島飛行機（現在の株式会社SUBARU《スバル》）のもので、一万機以上と言われるゼロ戦の生産数の過半数が中島飛行機のライセンス生産でした。

●ゼロ戦の長所と短所

ゼロ戦は、最高速度が二百七十ノット（五百km／h）以上で、航続力六時間以上（距離にして二千km）、上昇力にも優れ、当時としては世界最大級の能力を持つ新鋭機だったとされています。事実、太平洋戦争の緒戦では、数々の戦果を上げています。

清水氏は、このようなよく言われる評価を、艦載機としてなら速いが、列強の主力戦闘機（陸上機）よりずいぶん鈍足であるなど、いちいち検討していきます。驚いたのは、車のギアの役割を果たすプロペラの羽の角度を自動調整する「定速プロペラ」の技術が、アメリカのハミルトン・スタンダード社から製造ライセンスを購入したものだったということです。アメリカの技術がなければ、名機ゼロ戦も誕生しなかったわけです。

清水氏によれば、ゼロ戦の強みは、①高い上昇率、②低速域・中速域からの優れた加速力、③戦闘中の高度維持能力の三つで、これらは機体の軽さによる、ということです。

一方、ゼロ戦の短所は、①高速域で補助翼の舵《かじ》が利きにくい、②急降下が苦手、などがあったということです。

また、装備については、①主翼に搭載された口径二十㎜の機関砲が、破壊力は大きいが弾数が六十発と少なく、空中戦となるとすぐ撃ち尽くしてしまう、②機首上面の左右に一挺《ちょう》ずつ装備された七・七㎜機銃は一挺あたり五百発と十分な弾数があるが、破壊力に欠ける、などの欠点があったと言います。ただ、軽量化を優先したためパイロットを守る防弾装備がなかったことに対しては、それが当時の常識であり、パイロットも防弾装備による飛行性能の低下を嫌ったのだ、と擁護しています。これはその通りかもしれません。

詳しくは清水氏の著書を読んでいただきたいのですが、当時の戦闘機の置かれた苛酷な環境と、それを補おうとする技術水準の向上の記述が印象的でした。空中の戦いは、最新鋭技術のせめぎ合いだったのです。

Q55 なぜ日本はアメリカと戦争を始めたのか？

—歴史のココをつかむ！—「日本人の発想」の欠点と弱点

●日中戦争の早期解決の手段とは

日独伊三国同盟があるとは言いながら、ほとんど日本単独で英米と戦った太平洋戦争は、どう考えても無謀な戦いです。

しかし、加藤陽子氏は、当時の軍部や日本人の目線から、英米開戦もやむを得ない事情が重なったもので、理解できないわけではない選択だったことを説明しています（『それでも、日本人は「戦争」を選んだ』）。これは、後知恵で歴史を断罪する議論よりも得るところが大きい、歴史学のあるべき視点だと評価できます。

早期に解決するはずだった日中戦争は、なかなか終わりませんでした。日本軍は、上海《シャンハイ》、南京《ナンキン》を占領し、武漢《ぶかん》まで陥落させますが、蔣介石《しょうかいせき》は中国奥地の重慶《じゅうけい》に首都を移して抵抗します。

これが可能だったのは、英米、ソ連などが中国を援助していたからです。上海での戦いでは、アメリカから供与された戦闘機に、日本は相当苦労しています。

英米からの援助ルートを、日本は「援蔣《えんしょう》ルート」と呼んでいます。援蔣ルートを閉鎖するためには、フランス領インドシナ（仏印《ふついん》）に進駐し、飛行場を確保すればよい、と考えるようになります。**日中戦争を早く終わらせるための戦略が、逆に戦争を拡大していくことになるわけです。**

昭和十五年（一九四〇）九月二十二日、日本は北部仏印に進駐しました。フランスはすでにドイツの占領下にあり、抵抗もありませんでした。しかし、なお日中戦争は終わらないので、翌年七月二日には南部仏印進駐を決定します。

これに対してアメリカは、在米日本資産を凍結し、さらに石油の全面禁輸を断行します。日本は、アメリカがここまで強硬な手段に出るとは考えていませんでしたが、それはあまりに甘い見通しだったと思います。

日本は、戦争を継続するため、イギリスやオランダの植民地となっている東南アジアに進出し、石油をはじめとする物資を確保して、自給自足圏をつくる必要があることを痛感することになります。しかし、それを実現するためには、英米と戦争を始めなければなりません。もう何が目的なのか、わからなくなっています。

軍部は、昭和十二年（一九三七）に始まった日中戦争の時、近衛《このえ》内閣は特別会計で莫大《ばくだい》な額の「臨時軍事費」を計上しています。その臨時軍事費は、日中戦争にすべて使われたのではなく、イギリスやアメリカ、あるいはソ連との戦争準備のために使われていました。

そのため、英米と戦争になったとしても、一年間は戦えるという自信がありました。そして、一年間を有利に戦っていけば、相手の厭戦《えんせん》気分を引き出し、講和に持っていくことができると考えていたのです。

●昭和天皇への説得

英米との戦争の準備をしていた軍部は、早く開戦すべきだと考えています。しかし、昭和天皇は、戦線の拡大には否定的でした。日中戦争も終わらないのに、新しい戦争を始めるのは無謀だと考えていました。これはきわめて常識的な考えです。

軍部は、天皇を説得する必要がありました。新しい戦争の意義を、東アジアにおける英米蘭《らん》勢力を追い払い、日本の自存自衛を確立し、大東亜の新秩序を建設する、と謳《うた》い、英米との開戦が延びればアメリカの軍事的地位が有利になり、日本は不利になるという理論を構築します。

これに関して、昭和十六年（一九四一）九月六日の御前《ごぜん》会議での永野修身《おさみ》軍令部総長の発言は、たいへん興味深いものです。

避けうる戦《いくさ》をも是非戦わなければならぬという次第では御座《ござ》いませぬ。同様にまた、大坂冬の陣のごとき、平和を得て翌年の夏には手も足も出ぬような、不利なる情勢のもとに再び戦わなければならぬ事態に立到《たちいた》らしめることは皇国《こうこく》百年の大計のため執《と》るべきあらずと存ぜられる次第で御座います。

どうしても開戦しなければならないわけではないが、延ばせば延ばすだけ不利になる、と言っているのです。絶対的な物量差のある英米との戦争はあくまで避ける、という方針も立てられたはずですが、軍部はそうは考えませんでした。**早晩戦わなければならないのなら、まだ勝つことができそうな今が決断の時だ、という議論にしたのです。**

加藤陽子氏は、天皇がこうした日本の歴史に仮託した話に弱かったことを指摘し、後の真珠湾攻撃の作戦計画も「桶狭間《おけはざま》の戦にも比すべき」奇襲作戦である、と説明されたことを紹介しています。当時、日本史は必須課目であり、軍人は日本戦史をよく学んでいました。天皇は、こうした軍部の歴史を利用した巧妙な説明に納得させられてしまうのです。

●それでもやはり無謀な戦争

真珠湾の奇襲攻撃は、大きな成功を収めました。山本五十六《いそろく》連合艦隊司令長官の計画は考え抜かれたものでしたし、水深十二メートルと浅い真珠湾で、普通は六十メートルほど沈んでしまう飛行機からの魚雷《ぎょらい》攻撃を成功させた、海軍航空隊の訓練も立派なものだったと思います。

しかし、**問題は、そうした奇襲攻撃をしなければ勝てない国力を無視して、都合のよい予想を立てて戦争を始めたことでしょう。**人間は、一か八《ばち》かの賭けに出る時、どうしても都合のよいことばかり考えます。もし、それがうまくいかなければどうなるか、という点については見通しが甘くなりがちです。

英米と開戦した軍部も、当時の日本の最高の頭脳を集めたとは言いながら、同じような間違いを犯しているわけです。

日本人の発想にありがちなのは、もし失敗すれば自分が死んで責任をとればよい、というものです。これは、武士道的な自らに厳しい倫理から生まれてきたものです。江戸時代の武士は、とるに足らない失敗でも、よく切腹しています。それが逆に、**腹を切ればそれで許される、という発想に繋《つな》がっているのではないか**、と思います。

戦争中も、個々の敗北を指揮官の責任とし、その指揮官が自決すれば敗北の原因を深くは追求しないという姿勢が見られました。一個人の失敗であれば、死で償《つぐな》うことができることもあるかもしれません。しかし、日本という国家や日本人という民族の興廃《こうはい》に関わることを、責任ある立場の人間が、失敗しても自分が腹を切ればよいという発想で行うのは決定的に間違っています。一個人の生命では償えないことがあるからです。

太平洋戦争の犠牲の大きさは、戦争を決断した軍部や政治家がみな自決したとしてもとうてい償えないと言っていいでしょう。

責任感の強さは、武士道が育《はぐく》んだ日本人の美徳だと思います。これは、自分の為《な》したことに責任を持ち、逃げ隠れせずに堂々と対処するという、名誉の観念に裏付けられたものでしょう。そして、それに加えて、いかに苦しい戦いであっても、それから逃避するというのは臆病だという「名誉」の観念が付け加わります。みなが決死の覚悟で戦いに向かって努力している時、自分だけがそれを逃れることはできない、というのが当時の人々の考え方だったと思います。

その両者が合わさって、日本は英米との戦争を選択し、国を滅ぼしかけるわけです。**個々の人間として見れば美徳であっても、集団としては欠点となることがあります。**私たちは、日本人の誇るべき名誉心や責任感の強さといった、美徳の裏側に潜んでいる弱点を自覚していなければいけないのです。

九 現代 戦後の日本

Q56 戦前の上流階級はどうして消えたのか？

―歴史のココをつかむ！― 戦後の農地改革と財産税が華族《かぞく》を没落させた

● 戦前の華族屋敷の広大さ

映画化もされた三島由紀夫原作の『春の雪』は、侯爵家の令息松枝清顕《まつがえきよあき》と伯爵家令嬢綾倉聡子《あやくらさとこ》の純愛物語です。映画では、清顕を妻夫木聡《つまぶきさとし》、聡子を竹内結子《ゆうこ》が演じました。

本来、似合いのカップルでありながら、何不自由なく成長した清顕は、聡子を意識しながら聡子への思慕の念が高まらず、聡子が皇族である洞院宮《とういんのみや》家との縁談が決まってから情熱的な行動をとり始めます。こうした天《あま》の邪鬼《じゃく》的心理と緻密に張り巡らされた伏線、悲劇的な結末など、息をつかせず読ませる三島文学の傑作です。

この小説を理解するには、戦前の華族制度と華族の生活をある程度知っていないと難しいでしょう。現在では消滅してしまった身分制度だけに、現代人には想像すらできないかもしれません。

たとえば、松枝侯爵家の広大な屋敷は、東京・渋谷郊外の十四万坪の地所に壮麗な洋館と母屋である日本家屋があったとされます。現在の日本でこうした規模の屋敷を持つ人はいないでしょう。

もし、そうした財産家の華族の屋敷を見たければ、目黒区駒場《こまば》にある近代文学館を訪れてみてください。ここは、もと加賀百万石の殿様であった前田侯爵家の屋敷であり、隣には日本家屋の一部が残っています。付属の公園は、規模はかなり縮小されていますが、前田家の庭でした。

高級住宅地として有名な渋谷区松濤《しょうとう》の地は、もと鍋島《なべしま》侯爵家の農場で、大正期に宅地分譲されました。現在でも、持ち主を変えながら立派な家が建ち並んでいますが、大きいようでも五百坪ほどのものです。往時の華族の屋敷とは比べものになりません。

●華族の人数と差が大きくあった経済力

それでは、華族はどういう家柄の人たちで、全体で何人ほどいたのでしょうか。

華族には、公爵、侯爵、伯爵、子爵、男爵の五等級の爵位がありました。

公爵に任じられたのは、五摂家《ごせっけ》、徳川宗家、同慶喜《よしのぶ》家のほか、島津家（本家と玉《たま》里《ざと》家）、毛利家、三条家、岩倉家など維新に大きな功績のあった大名家と公家です。もと十二家しかありませんでしたが、伊藤博文、大山巌《いわお》、西園寺《さいおんじ》公望《きんもち》、桂太郎らの家が侯爵から加えられ、十九家になりました。

侯爵は、皇族、公家《くげ》の清華家《せいがけ》（摂家に次ぐ家柄）、もと国持大名、維新の元勲など四十家ほどです。明治政府における功績で伯爵から加えられる者もいました。

伯爵は、公卿《くぎょう》（公家のうち三位以上に叙位される家）、十万石以上の大名家、明治維新や明治政府で功績のあった者など百十六家です。

子爵は、公卿の庶流、大名、明治政府で功績のあった者など四百家ほどです。男爵は公家や大名家の分家、大名の家老、僧侶、神官のほか、官吏・軍人・学者など功績のあった者で、四百五十家ほどです。

同じ華族でも、出自《しゅつじ》によって経済力にはずいぶんと差がありました。『春の雪』でも、維新の元勲であった松枝侯爵家と公家出身の綾倉伯爵家では財産に天と地ほどの差があり、それが物語の重要な伏線になっています。

華族の財産は、旧幕府時代に有していた知行地《ちぎょうち》をもとに家禄《かろく》が決められたので、一国を領していた大名と、官位は高くても一般の武士なみの知行しかなかった公家では差ができるのが当然でした。

●上流階級はなぜ消えたのか

こうした戦前の華族の財産を奪ったのが、昭和二十一年（一九四六）十一月十二日に成立した財産税です。これは、この年三月三日午前零時現在に財産を有する者を納税義務者とし、個人の財産全体を課税対象に高率の累進税率で一回限り賦課する臨時税です。戦争で壊滅的な打撃を被った日本の財政を再建するためのもので、戦争で儲けた利益を吸収するという名目も掲げられました。

当初の法案では、当然、法人財産税も視野に入っていましたが、法人から財産を徴収すると法人そのものの実体がなくなるので、法人財産税は中止となり、個人財産税のみの財産税法が成立しました。

税率は、財産十万～二十万円の二五パーセントから、千五百万円以上の九〇パーセントまで、驚くほどの高率累進課税でした。それほどの現金を保有している資産家はほとんどいないので、**土地や家屋などの物納も認められ、旧華族の家屋敷や広大な所有地はほとんど国庫に納められました。**

そのほか農地改革や、その後進んだインフレも打撃を与えました。野口悠紀雄《ゆきお》氏は、「戦後経済政策は、「人民」を搾取したのではなく、『資産家』を搾取したのである」と述べています（『戦後日本経済史』）が、その通りでしょう。

太宰治の小説『斜陽』は、没落華族の娘で太宰が当時交際していた太田静子の日記をもとに書かれたものです。裕福な生活を送っていた人々が、戦後の社会の変化の中で翻弄されていく様子がよくわかります。

伯爵家に生まれた立花文子《あやこ》は、農地改革と財産税に直撃された時の苦労を、次のように書いています。

> とにかく生活必需品を除いて十万石以上の一切の財産を対象に、二〇（マヽ）%から九〇%の累進税率で課税するという厳しい内容のもので、夫は立花家の土地、建物を評価して財産税を算定し、二月十五日までに申告しなければなりません。たとえば約一万坪の柳川藩《やながわはん》江戸上屋敷跡が東京の下谷区《したやく》西町《にしまち》三番地にありました。屋敷は関東大震災で焼失していて、その後、百坪ほどの土地に立花家

の東京事務所を建てて、残りは貸地にしていました。税金を払うために事務所以外の残りの土地を処分したわけですが、坪単価はわずか四百五十円にしかなりません。これでは農地改革で手放した田畑のお金を合わせても、財産税を払える額ではありませんでした。

立花家は、当主の鑑徳《あきのり》が隠居したため、相続税も払わなければならず、二、三年かかって完納した時、柳川（福岡県）の三橋町《みはしまち》中山（現・柳川市）の農事試験場、ミカンを栽培していた三池《みいけ》郡高田町《たかたまち》上内（現・大牟田市）の橘香園《きつこうえん》、屋敷だった御《お》花《はな》だけしか残らなかったとのことです。立花家では、収入を確保するため、御花を料亭とし、もと伯爵家令嬢だった文子が女将《おかみ》をやることになったということです。それが柳川市の観光名所、現在の「御花」につながっています。

Q57 学生叛乱はどうして起きたのか？

—歴史のココをつかむ！— 高度経済成長が若者に及ぼした負の側面

●「あるべき秩序」を侵害された時、蜂起する

昭和四十四年（一九六九）一月十八日から二十日にかけての東大安田講堂《やすだこうどう》攻防戦は、当時の学生叛乱の象徴的な事件でした。もっとも、これ以前に中央大学や日本大学での闘争があり、これ以後も京都大学や地方大学などで学生の紛争は続きます。このような学生叛乱は、どうして起きたのでしょうか。

学生叛乱の思想的基盤となった共産主義運動は、もともと貧富の差などの世の中の矛盾を解決しようという思想です。戦前・戦中には華族や財閥はとてつもない富を持ち、一般の労働者は底辺の生活にあえいでおり、貧農は娘を売らなければ生活できない状況でした。そういう中で共産党が結成されたというのは理解できますが、新左翼運動が盛り上がった一九六〇年代後半は、敗戦と前項で述べた華族の没落や財閥の解体によって、日本社会においてもっとも格差が縮小した時代でした。地道に努力を重ねれば、人並みの生活ができる時代になったというのに、なぜか団塊《だんかい》の世代の学生たちは騒いだのです。

この事件を膨大な史料で分析した小熊英二《おぐまえいじ》氏は、「あの叛乱は、高度経済成長にたいする集団摩擦《まさつ》反応であったといえる」と端的に述べています。小熊氏の分析に

よると、以下のようなものです。

第一に、一九六〇年代前半に大学生数が急増し、六三年には大学進学率が一五パーセントを超え「大衆化」します。これは、**それまではエリートだった大学生が多くはサラリーマンにしかなれない一般大衆になった、という閉塞《へいそく》感を生み出しました。**それに加えて、貧弱な図書館や足りない教室など、教育施設やマスプロ教育への不満がありました。小熊氏は、政治学者高畠通敏《たかばたけみちとし》氏の「身分的出世の道を閉ざされた階層的怨恨《えんこん》によるのかもしれない」という言葉を引用しています。

第二に、高度経済成長による社会の激変があります。この頃、**大学に進学した「団塊の世代」は、幼少時には田舎の自然や街の路地で育っており、急激に豊かになった生活文化についていけなかった、**というのです。都会を否定的に語る「コンクリート・ジャングル」という用語が、そうしたメンタリティーを示しています。

当時は、高度経済成長の真《ま》っ直中《ただなか》で、好景気でした。それでもなおこのような運動が起きたことに対して、小熊氏は、歴史学の「モラル・エコノミー説」で解説しています。モラル・エコノミーは民衆の規範意識を指し、民衆は生活苦ではなく、「あるべき秩序」を侵害されたと考えた時、蜂起《ほうき》する、という理論です。こうした時、民衆は、秩序を破壊したとみなした相手に集団で音をたて、不吉なものを掲げてはやし立てる「シャリバリ」という行為を行い、民衆の意識内で秩序の回復が行われます。どちらかというと、民衆の保守的な観念から起こる社会の「進歩」への反発です。

小熊氏は、現状の社会と大学が彼らの「あるべき社会像」「あるべき大学像」というモラル・エコノミー（秩序意識）を裏切っているとみなされたため、学生が蜂起したものであり、大学総長などを吊《つる》し上《あ》げる「大衆団交」が一種のシャリバリだった、と述べています。

東大紛争に関して言えば、受験戦争を勝ち抜いてきたことに対する後ろめたさなどの感情も色濃くつきまとっています。これが経理の公開や学生自治の要求など、現実的な課題のあった日大闘争などとの違いです。「自己否定」や「東大解体」などのスローガンがそれをよく示しています。

●丸山眞男《まさお》東大教授への反発

この時代を書く論者が、みな取り上げるのが全共闘《ぜんきょうとう》学生による丸山眞男東大教授への仕打ちです。

もともと日本政治思想の研究者であった丸山氏は、岩波書店の総合誌『世界』の昭和二十一年（一九四六）五月号に「超国家主義の論理と心理」という軍人の精神構造を分析した論文を発表し、言論界に颯爽《さっそう》と登場した進歩的知識人の代表でした。その丸山氏が、大学紛争では全共闘の学生たちの怨嗟《えんさ》と軽蔑《けいべつ》の対象になったのです。まず、安田講堂攻防戦の前、法学部研究室が学生たちによって封鎖され、荒らされます。攻防戦の後、荒廃した研究室を訪れた丸山氏は、「これを文化の破壊といわずして、何を文化の破壊というのだろうか」とつぶやいたとされています。これに対して、丸山氏は闘争の意義を理解せず、自己の資料の喪失だけをなげくエゴイスティックな学者だったという批判が広まったと言います。全共闘学生の軽蔑は丸山氏に集中し、その後、授業再開後のキャンパスで丸山氏は三回にわたって学生たちに糾弾《きゅうだん》されます。

この時、学生たちは、「そろそろなぐっちゃおうか」とか「ヘン、ベートーベンなんかききながら、学問なんかしやがって！」と罵倒したと言います。ここには、丸山氏のような「知的特権階級」にはなれないことを自覚した、当時の大学生たちのルサンチマン（怨恨、復讐）が表明されていると言っていいでしょう。しかし、一方で、当時の大学が、まだ封建的な徒弟制度を維持していたことも、事実でした。それまでは、その中で辛抱することによってポストも得られたのですが、大衆化した大学ではそれが不可能だと思われたのです。

●学生運動の終焉

その後、学生運動は追い詰められ、中核派と革《かく》マル派などセクト間での内ゲバが激化し、ブント（共産主義者同盟）から分派した赤軍派が武装闘争論を唱えるなど先鋭化していきます。昭和四十五年（一九七〇）、赤軍派が日航機よど号をハイジャックして北朝鮮に行きます。

この年の暮れには、京浜《けいひん》安保《あんぽ》共闘《きょうとう》の最高幹部柴野《しばの》春彦《はるひこ》らによる志村警察署上赤《かみあか》塚《つか》交番襲撃事件があり、翌年暮れには土田國保《くにやす》警務部長の妻が小包爆弾で殺害されるという事件が起こります。これは、土田が上赤塚交番襲撃事件の際、警官が拳銃を使用して柴野を射殺したことを正当だと語ったことへの報復だとみなされています。しかし、何の罪もない土田夫人を殺害したことは、土田がテレビで語ったように卑怯《ひきょう》な行動です。すでに過激派の行動は、目的を見失っていました。

そして昭和四十七年（一九七二）二月、連合赤軍（赤軍派と京浜安保共闘が合同したセクト〈新左翼党派〉）が軽井沢の浅間《あさま》山荘《さんそう》という企業の保養所に立て籠もって警官隊と銃撃戦を行います。この時、内田警視庁第二機動隊長ら二人が殉職しています。

その後、連合赤軍が、仲間たち十二人をリンチで死に至らしめていたことがわかります。ります。警察は、すでに確認していた現場に報道陣を誘導し、遺体発掘の瞬間をテレビ報道させるなどの演出を行います。これによって、新左翼運動は、完全に人々の支持を失うことになります。

よど号ハイジャック事件の年には、日本万国博覧会が大阪で開催され、六千四百二十一万人の入場者がありました。すでに日本はずいぶん豊かになっていたのです。全共闘に参加した多くの学生も、レポートなどを提出して大学を卒業し、企業に就職しました。一九八〇年代後半の地価高騰は、彼らが家を購入する年代にあたっています。また、「二十四時間戦えますか」と鼓舞《こぶ》された日本のサラリーマンも、彼らだったと思います。

彼らの反発した会社人間コースは、実は高度経済成長がもたらした果実で、それが成立したのは一九六〇年代前半のことでした。**彼らは、国民の多くが普通に生活できるという、ようやく成立した幸福な社会を所与の前提とみなし、それに閉塞感を覚えて反発したということになります。**

小熊氏は、新宿でゲバ棒を振るっていた学生が「大学を出てどこかへ入社したとき退職金の額までが計算されるような、非人間的なこの仕組みを根底からくつがえさなければならない」と言っていたことを紹介し、「六八年の時点ではたった五年ほど前に成立したにすぎないこの状況が、永遠に続くと思っていたという点で、彼らの想像力の欠如ぶりは著しい」と批判していますが、それももっともなことです。今の四十代以下のサラリーマンは、自分の退職金がどれだけもらえるのか、まったくわかりません。その方がよいというのでしょうか。

しかも現在では、企業においてリストラや賃金カットが行われ、新卒の大学生が企業に正規に就職することすら難しい時代になっています。定年までの決まった人生コースなど、実は成立していなかったのです。

ロスト・ジェネレーションと呼ばれる現代の若者が、小熊氏の話を聞いて、「すると全共闘世代ってのは、好景気の時に暴れるだけ暴れて無事に就職して、不況になったら年金もらって食い逃げってわけ？　けっこうなご身分で」と反応したというのももっともなことです。

歴史を学ばないと、現在、自分が生活している社会が、過去から未来にいつまでも続く当たり前の世界のように思えてしまいます。しかし、実はそうではありません。自分が歴史のどのような段階に生きているのかを客観的に見ることが、歴史を学ぶことの効用だと思います。

参考文献

第一章　原始・古代の講義

相沢忠洋『「岩宿」の発見』講談社文庫、一九七三年
岡村道雄『日本の歴史01縄文の生活誌』講談社、二〇〇〇年
佐原　真・小林達雄『世界史のなかの縄文』新書館、二〇〇一年
佐原　真編『古代を考える　稲・金属・戦争―弥生―』吉川弘文館、二〇〇二年
毎日新聞旧石器遺跡取材班『発掘捏造』毎日新聞社、二〇〇一年
松木武彦『日本の歴史一列島創世記』小学館、二〇〇七年
寺沢　薫『日本の歴史02王権誕生』講談社、二〇〇〇年
都出比呂志「日本古代の国家形成論序説―前方後円墳体制の提唱―」『日本史研究』三四三号、一九九一年
吉田　孝『日本の誕生』岩波新書、一九九七年
熊谷公男『日本の歴史03大王から天皇へ』講談社、二〇〇〇年

大山誠一『歴史文化ライブラリー65〈聖徳太子〉の誕生』吉川弘文館、一九九九年
河内祥輔『古代政治史における天皇制の論理』吉川弘文館、一九八六年
渡辺晃宏『日本の歴史04平城京と木簡の世紀』講談社、二〇〇一年
坂上康俊『日本の歴史05律令国家の転換と「日本」』講談社、二〇〇一年
下向井龍彦『日本の歴史07武士の成長と院政』講談社、二〇〇一年
米田雄介『藤原摂関家の誕生』吉川弘文館、二〇〇二年
保立道久『平安王朝』岩波新書、一九九六年
大津　透『日本の歴史06道長と宮廷社会』講談社、二〇〇一年
河内祥輔『保元の乱・平治の乱』吉川弘文館、二〇〇二年

第二章　中世の講義

石井　進『日本の歴史7鎌倉幕府』中公文庫、一九七四年
山本幸司『日本の歴史09頼朝の天下草創』講談社、二〇〇一年
河内祥輔『頼朝の時代　一一八〇年代内乱史』平凡社選書、一九九〇年
筧　雅博『日本の歴史10蒙古襲来と徳政令』講談社、二〇〇一年

新田一郎『日本の歴史11太平記の時代』講談社、二〇〇一年
河内祥輔・新田一郎『天皇の歴史04天皇と中世の武家』講談社、二〇一一年
今谷　明『室町の王権――足利義満の王権簒奪計画』中公新書、一九九〇年
桜井英治『日本の歴史12室町人の精神』講談社、二〇〇一年
家永遵嗣『室町幕府将軍権力の研究』東京大学日本史学研究室、一九九五年
久留島典子『日本の歴史13一揆と戦国大名』講談社、二〇〇一年
渡邊大門『戦国の貧乏天皇』柏書房、二〇一二年
村井章介『世界史のなかの戦国日本』ちくま学芸文庫、二〇一二年
ピーター・ミルワード／松本たま訳『ザビエルの見た日本』講談社学術文庫、一九九八年

第三章　近世の講義

藤本正行『桶狭間の戦い　信長の決断・義元の誤算』洋泉社、二〇一〇年
藤本正行『長篠の戦い　信長の勝因・勝頼の敗因』洋泉社、二〇一〇年
平山　優『敗者の日本史9長篠合戦と武田勝頼』吉川弘文館、二〇一四年
藤本正行『再検証長篠の戦い』洋泉社、二〇一五年

藤田達生『謎とき本能寺の変』講談社現代新書、二〇〇三年
桐野作人『織田信長　戦国最強の軍事カリスマ』新人物往来社、二〇一一年
藤本正行『本能寺の変　信長の油断・光秀の殺意』洋泉社、二〇一〇年
諏訪勝則『黒田官兵衛「天下を狙った軍師」の実像』中公新書、二〇一三年
竹井英文『織豊政権と東国社会「惣無事令」論を越えて』吉川弘文館、二〇一二年
藤井譲治「『惣無事』はあれど『惣無事令』はなし」『史林』九三巻三号、二〇一〇年
藤木久志『豊臣平和令と戦国社会』東京大学出版会、一九八五年
山本博文『天下人の一級史料』柏書房、二〇〇九年
岩沢愿彦「秀吉の唐入りに関する文書」『日本歴史』一六三号、一九六二年
武田万里子「豊臣秀吉のアジア地理認識――「大唐都」はどこか」『海事史研究』六七号、二〇一〇年
荒野泰典『近世日本と東アジア』東京大学出版会、一九八八年
山本博文『敗者の日本史15赤穂事件と四十六士』吉川弘文館、二〇一三年
浦賀近世史研究会監修『南浦書信』未來社、二〇〇二年
佐々木克『幕末史』ちくま新書、二〇一四年
宮地正人『幕末維新変革史』上・下、岩波書店、二〇一二年

母利美和『井伊直弼』吉川弘文館、二〇〇六年
吉村　昭『桜田門外ノ変』新潮社、一九九〇年
家近良樹『徳川慶喜』吉川弘文館、二〇〇四年
中村武生『京都の江戸時代をあるく』文理閣、二〇〇八年
松浦　玲『坂本龍馬』岩波新書、二〇〇八年
宮地佐一郎『龍馬の手紙』講談社学術文庫、二〇〇三年

第四章　近・現代の講義

清水唯一朗『近代日本の官僚』中公新書、二〇一三年
新渡戸稲造／山本博文訳・解説『現代語訳　武士道』ちくま新書、二〇一〇年
原　剛「二〇三高地の真実・総論」『歴史街道』PHP研究所、二〇一一年十一月号
中西輝政「旅順攻略の奇跡を起こした第三軍が語る『日本人の真価』とは何か」『歴史街道』PHP研究所、二〇一一年十一月号
中山隆志「乃木希典と日露戦争の真実・総論」『歴史街道』PHP研究所、二〇一三年一月号

清水政彦『零式《れいしき》艦上戦闘機』新潮選書、二〇〇九年
加藤陽子『それでも、日本人は「戦争」を選んだ』朝日出版社、二〇〇九年
野口悠紀雄『戦後日本経済史』新潮選書、二〇〇八年
立花和雄『柳川の殿《トン》さんとよばれて…』梓書院、一九九六年
立花文子『なんとかなるわよ――お姫さま、そして女将へ 立花文子自伝』海鳥社、二〇〇四年
小熊英二『1968』上・下、新曜社、二〇〇九年
佐々淳行『連合赤軍「あさま山荘」事件』文春文庫、一九九九年
竹内 洋『丸山眞男の時代』中公新書、二〇〇五年

著者紹介
山本博文（やまもと　ひろふみ）
1957（昭和32）年、岡山県生まれ。東京大学文学部を卒業後、同大学院を経て、1982年に東京大学史料編纂所助手。後に教授。文学博士。『江戸お留守居役の日記』（読売新聞社）で、日本エッセイスト・クラブ賞を受賞。長年、中学・高校教科書の執筆にあたる。2020年３月、逝去。『江戸城の宮廷政治』（講談社学術文庫）、『武士と世間』（中公新書）、『日本史の一級史料』（光文社新書）、『切腹』（光文社知恵の森文庫）、『お殿様たちの出世』（新潮選書）、『「忠臣蔵」の決算書』『歴史をつかむ技法』（以上、新潮新書）、『東大流教養としての戦国・江戸講義』（ＰＨＰエディターズ・グループ）など、著書多数。

本文図版：株式会社ウエイド

本書は、2015年６月にＰＨＰエディターズ・グループから刊行された『東大流 よみなおし日本史講義』を改題し、加筆・修正したものです。

ＰＨＰ文庫　［東大流］流れをつかむ すごい！日本史講義

2020年5月5日　第1版第1刷

著　者　山　本　博　文
発行者　後　藤　淳　一
発行所　株式会社ＰＨＰ研究所
東京本部　〒135-8137　江東区豊洲5-6-52
ＰＨＰ文庫出版部　☎03-3520-9617(編集)
普及部　☎03-3520-9630(販売)
京都本部　〒601-8411　京都市南区西九条北ノ内町11

PHP INTERFACE　https://www.php.co.jp/

編集協力　株式会社PHPエディターズ・グループ
組　版　有限会社エヴリ・シンク
印刷所
製本所　図書印刷株式会社

ISBN978-4-569-90015-5

PHP文庫

日本史・あの人の意外な「第二の人生」

「誰も知らない歴史」研究会 編著

「伊達政宗の晩年はグルメ三昧！」「ジョン万次郎、人生最後の航海は小笠原諸島？」など、あの有名人の意外な〝後半生〟を一挙紹介！